如何高效开会

滕凯舟 吴悦 秦淏 ◎著

中国出版集团
中译出版社

图书在版编目（CIP）数据

如何高效开会 / 滕凯舟，吴悦，秦淏著. -- 北京：中译出版社，2023.7（2023.7重印）
 ISBN 978-7-5001-7433-2

Ⅰ.①如… Ⅱ.①滕… ②吴… ③秦… Ⅲ.①会议—组织管理学 Ⅳ.①C931.47

中国国家版本馆 CIP 数据核字（2023）第 102247 号

如何高效开会

著　　者：滕凯舟　吴　悦　秦　淏
策划编辑：刘　钰
责任编辑：刘　钰
营销编辑：赵　铎　王珩瑾　刘　畅　魏菲彤

出版发行：中译出版社
地　　址：北京市西城区新街口外大街 28 号普天德胜大厦主楼 4 层
电　　话：（010）68002494（编辑部）
邮　　编：100088
电子邮箱：book@ctph.com.cn
网　　址：http://www.ctph.com.cn

印　　刷：北京中科印刷有限公司
经　　销：新华书店
规　　格：1230 mm×880 mm　1/32
印　　张：8.5
字　　数：120 千字
版　　次：2023 年 7 月第 1 版
印　　次：2023 年 7 月第 2 次印刷

ISBN 978-7-5001-7433-2　　　定价：49.00 元

版权所有　侵权必究
中译出版社

推荐序一

开好会议,是一门重要的基本功

乔诺咨询创始人 龙波

2020年9月,为了开阔中国企业家的眼界,为了组织改革顺利进行,我们创办了乔诺咨询的一个新业务——鲲鹏私董会。现在,这个私董会已经有些社会影响力了,且在企业家相互推荐的过程中不断壮大。当初,这可不是一帆风顺的——在2020年成立鲲鹏私董会后,我们经历了3次"会议",但总是不得要领。我们陷入迷茫,思考着如何才能让企业家都卷及到一个频道上来,并且都有收获。

于是,通过朋友的推荐,我于2021年4月在公司约见了滕教练。他显得非常强势,之后我又感受到了他的彬彬有礼,我瞬间就知道这次靠谱了。果然,当我把自己的3个困惑提出来时,滕教练通过提问的方式,一条条给予了我回应:

(1)会议中你的定位什么?是老板,还是兄台?

(2)上午的访谈和下午的私董会议题设计,是什么逻辑关系?信息量够不够?是否有前置工作?

(3)当你发现有的兄台思维发散了,怎么拉回来?提问有套路吗?时间卡准了没有?私董会的基本流程熟不熟悉?

也正是这些问题让我一下子明白，私董会其实是一门专业学问，它表面上是一次次的思想碰撞，事实上则是一次又一次经过认真设计的会议。通过这种会议形式，每个人都能深度卷及，最后通过提问他人、教授他人的方式，清晰地看见自己的认知盲区，从而在底层逻辑上产生深层次的改变。比如，"以客户为中心"究竟意味着什么？我们的行为有多少真正做到了以客户为中心？为什么仍有那么多客户逐渐离开了我们？……

从事咨询行业 15 载，我深知一个道理：办好企业，本质上是要练就一身基本功，而会议正是一切基本功中的基本功。很高兴滕教练在服务鲲鹏私董会期间，也把会议背后的底层逻辑写了下来，并无私地公开分享给所有人。

相信目前仍有很多企业家，像认识滕教练之前的我一样，正处于迷茫之中，不知如何把"会议"这个超级工具用好。希望这本好书可以帮到更多的企业和个人。

推荐序二

开好的会，把会开好

杭州中艺实业董事长　李韧

几十年的职业生涯中，我到底参加了多少个会议，这肯定是个数不清的数字。各种会议的风格、形式、时间长短，以及有效性，都大相径庭、五花八门。我深深地意识到，管理者通常都花大量的时间参加各种各样的会议，但令人惊奇的现象是，很少有人会专门阅读学习有关如何开好会的书。

开会的难度很容易被管理者忽视，如同很多人觉得唱歌没有什么难度，张口就来一样。但事实是，那些以为自己很会唱歌的人，一旦真的把自己唱的歌录下来，再戴上耳机听的时候，就会发现自己的唱功跟专业歌手之间的差距真是天壤之别。

同样的道理，既然会议对管理者来说这么重要，几乎所有的企业都要花大量的时间在会议上，那么花点儿时间认真读读这本书，就一定会给我们带来巨大的启迪和帮助。

本人有幸亲历了十几场滕先生主持的私董会，对他主持会议的能力非常赞赏。这本著作是他的思想知识和经历的结晶，我受益匪浅，强烈推荐。

前言

借助会议引导技术成为优秀的领导者

二十多年前,我刚大学毕业。当时我就坚定地认为,我将来一定会成为一个创业者、老板,我要做自己的事业。

十多年前,在事业陷入瓶颈期的时候,我寻觅了很久,去了商学院进修,也找了前辈咨询,偶尔还会和信任的朋友彻夜长谈。我发现,商学院的老师教得很好,但过于理论化;前辈给的建议也不错,但我和他们的想法不匹配,有时感觉"高攀不上";同龄的朋友也很难和我心意相通,他们给的建议大都不大接地气、可操作性不强。

创业者往往是有一些个性、想法和资源的人,我们怀抱初心走上了一条孤独的道路。越靠近梦想,身边的人就越少。

后来,我为企业家提供决策咨询,接触的企业主跨越了不同行业、体量、规模和层级,但大家的孤独感却极为相似。有位上市企业董事会主席和我说,越到后面越觉得,决策机制尤其是集体决策的氛围和制度建立好了,自己才能有点儿时间和精力去做其他事情。

想要借助集体智慧来提高决策的胜率,又不想被冗长烦琐的会议拖进度的后腿，这就要求企业管理者必须会开会。2020年后，企业中的会议形态更加多变和复杂，这对决策方式提出了更高要求。

为什么要当面开会？会上要解决什么问题？不同的需求要怎么设计不同的流程？会上的决议如何变成会后的执行？怎样判断一个会议是高效的？

我为什么说"会议是企业文化建立的窗口"？

这本书是我对自己几十年会议引导工作的归纳总结，也是我对众多企业主面临的开会时议而不决、偏离主题、流于形式、效率低下等问题的解题方法。

通过个性化的设计、细致的流程梳理，来组织合适的人开好会议，最终实现高效集体决策，这些是我擅长的领域。一旦一个企业能开好会、有的放矢、落实到位，企业内部必然会形成自上而下都以效率为主导的企业文化。

如果你希望自己成为会议引导者，或者希望你的企业里有合适的人能成为一名合格的会议引导者，那么这本书能带给你立竿见影的改变和提升。

美国管理学家 R. 洛博研究发现，企业里最关键的不是老板、经理在场时的情况，而是他们不在场时会怎样。只有建立了完善的决策机制，尤其是企业内部的会议决策模型，公司才能和谐运转下去，老板才有时间和精力研究战略，高管才可以专注在赋能上。

至于战术层面的问题，请让你的员工通过高效的会议，以集体决策的方式做出明智的选择。

在我看来，好的会议是能给与会者带来幸福感的。心理学家米哈里·契克森米哈赖认为，只要掌握好进入心流状态的条件，每个人都能体验到这种极致的幸福感。

这其中的关键点在于，你要给手头的工作设定明确的目标和及时的反馈。只要具备这两点，你的工作就已经被你转化为一场游戏，你每时每刻都知道自己努力的方向，并且可以根据反馈随时调整你的工作方式。

如果你曾经在工作中体验到心流状态，你就会明白我说的不仅仅是工作目标达成之后的成就感，更是你突破自己的极限、完成艰难任务之后的畅快淋漓，还是你回顾过去时，发现自己的能力圈因此得到明显稳定提升后的自信感。

会议也是日常工作中的一部分，并且对一些管理者来说，或许是最重要的部分。既然其他工作都可以有相应的管理方法，可以从任务变成游戏，那么会议也可以从负担变成乐趣，甚至因为会议是多人进行的一次专注的沉浸式体验，所有与会者都可以从中互相激发心流、收获智慧、体验快乐。

我希望通过这本书，能让你把会议变成工作中的幸福感来源。

本书正文提到的"老板"是广泛意义上的角色，指的是各个级别的管理者、项目负责人或会议的发起人。华为开创了中国企业集体领导制度的先河，把公司从任正非一个人领导变成了核心团队集体领导。

换句话说，他们是把一个老板变成了一群老板。

我希望本文的每一个读者都能把自己带入"老板"的角色

中。你是会议的发起人、召集者,你就是老板;你是会议室里职位最高的人,你就是老板;你是这个项目的负责人,你就是老板。

我要做的,就是帮助你借助高效会议成为真正的管理者,在你的管辖地内"让决策高效,让团队同频,让文化扎根"。

阅读提示:

如果你从未体验过心流迸发的会议,如果你一直苦恼于无效会议占用了你的时间,请你按目录顺序阅读。

如果你迫切希望马上解决当下会议中的难点和痛点,建议你先阅读《会议准备工作》《会议角色分配》《极端情况处理》章节。

目录

第一部分　好会需要好引导

002	老板为什么听不到真话？
007	这么开会就糟了
012	想改变？老板先来
017	TRECK 才是好会
022	你适合成为会议引导者吗？
027	线上会议的挑战

第二部分　会议人员选择

034	为什么非得开会
040	你没事儿过来听听
046	与会者在"精"不在"多"
052	不同规模会议的常见问题
058	跨部门开会如何请人？
063	他为什么要来开会？
069	他为什么不想参会？

第三部分　会议准备工作

074	制作会议手册
079	会议成本计算
084	找到会议靶点
089	设置会议时长
094	确定会议人员的范围
099	准备会议资料
106	关于场地
112	不同形式的会议资料建议

第四部分　会议角色分配

- 116　为什么会议要有角色?
- 120　主持人——指挥家
- 125　权威者——吉祥物
- 130　记录员——旁观者
- 135　协调者——交际王

第五部分　会议时间控制

- 140　开一个好会的核心
- 145　规则感的副作用
- 149　建立规则感
- 154　贯穿会议始终的仪式感
- 160　遇到"憋不住"的人怎么办?
- 164　你的发言还剩 5 秒

第六部分　会议节奏控制

- 170　费城制宪会议议事原则
- 175　掌控会议的节奏感
- 180　快节奏 VS 慢节奏
- 184　不同功能的会议节奏

第七部分 会议结果落实

- 190 两个基本原则：SMART 原则和 PDCA 原则
- 195 为什么落实难？
- 199 权责利的匹配
- 205 项目主管要为结果负责
- 210 老板要尊重会议结果

第八部分 极端情况处理

- 216 会而不议
- 221 议而不决
- 226 时间不够
- 229 提前结束
- 234 被人质疑
- 237 没人说话
- 242 发言太长
- 246 批斗甩锅

结语

- 251 管理者必须会开会
- 255 "同频"是一切的基础

第一部分

好会需要好引导

 如何高效开会

老板为什么听不到真话?

某上市公司董事长有一天找到我,希望我帮他们的高管设计和引导为期3天的会议。我问她:"你的困惑是什么?"

她说,她感觉自己根本听不到下面员工真实的声音。作为一家上市公司,每天有无数个会议在各个分公司、各个会议室里召开,她当然也会找高管们来开会。但是,会议的效果不尽如人意,总是她来说一些想法、构思;下面的人要么都很沉闷,要么就应声附和她,令她非常苦恼。

我在设计会议之前,直接问她:"你想要听到真实的声音吗?如果得到的反馈超出你的认知和预设了,你能接受吗?如果听到的都是负面消息,你还要听吗?"

她斩钉截铁地表示,一定要听。

我设计了很多有意思的环节,以分组的方式来保证大家的敞开程度,用3天时间把她的60多位中高层管理者"盘"了一圈。

我发现和我预设的不同,这个团队并不是他们老板想象中那样死气沉沉、毫无抱负。他们中的很多人非常关注自己公司

的股票价格波动，有些人对竞品保持相当高的敏锐度和警惕心，有些人则对供应链和生产环节提出了更高的要求。

不瞒你说，我觉得这个团队简直太棒了！我不明白为什么老板会觉得自己听不到真实的声音。

后来我在他们的思辨共创环节中找到了答案。原来，在过去很长一段时间的会议过程中，老板留给他们的表达机会过少，或者在他们表达之后，并没有授权落地执行，之后跟进的环节就不了了之了。更伤人的是，会议里总有一些他们觉得不专业、不对口、对他们帮助不大的人参会，还在他们表达过后马上给予评价和反对意见。

时间久了，下面的人便觉得开会就是完成一个上级摊派的任务，走个流程，随便说两句话而已。他们不相信自己的观点可以"上达天听"，更不认为有必要跟老板说这些。

"反正老板不想听。"

我并没有做什么，只是通过会议设计和引导，帮助这个优秀的团队重新找回了同频的状态，让大家能放下部门之争，放下成见，甚至放下对老板的期待，单纯站在"如何让公司更好"的角度群策群力。然后，剥离原有身份，设置镜像对照，让他们有机会站在老板的角度去体验重大决策需要考虑多少内容，取舍是一件多么困难的事情。

一年以后，这位上市企业老板找到我表示感谢，并希望有机会再为他们的高管继续设计和引导这样的会议。

有些企业把开会当成一个任务，好像每天的工作里面没有这么一个事项就缺了什么一样。连已经敲定好的事情，或者自己早就拿定的主意，也要开个会叫大家来听一下。在我看来这是对会议本身极大的误解，也是对与会者的不尊重。

所谓的"通知会"，其实是单向的信息传输，本质上是告诉所有人"我不想听到你的声音"。但是，我们所谓的会议，是要与会者贡献智慧，让彼此之间能听到对方的声音。如果你是拍板的决策者，你只是为了解释一下自己决策的原因、理由、做法，说明你早就有定见，你其实不需要被赋能。

会议，就是"会面"加"商议"，重点在于"议"，即商量、讨论，核心是思想和智慧的碰撞。很多低效会议把重点放在了"会"上，只是一群人聚在一起，听一下上级的指示，把会议的精髓本末倒置。

失去了"议"，"会"就没有了灵魂！

会而不议，议而不决，决而不行，行而不管——那又为什么要开会？！

当一个企业的老板总是用通知会的方式来灌输自己的理念和决策，下面的人自然就会关上思维的大门，躲进壳里拨一下动一下。这样的组织往往容易变成大家印象中"没有活力""没有野心""没有创意"的团队。

"当工具人已经足够了""多一事不如少一事"——这样的心态是会议开始冗余、拖沓的根由，也是老板听不到真话的内因。不要虚伪地披着"开会"的外衣来通知事项，最后来一句："大家有没有意见？"鸦雀无声散会以后，再来吐槽团队没有创意。

所以，一个企业想要激发团队活力，首先要砍掉的就是这种通知会。你可以用企业微信、企业内部平台公告、邮件群发等方式让大家知晓需要知道的信息,尽量少占用大家的有效劳动时间开无效的会。

如果你希望高管、员工、外部智囊帮你分担决策压力,来补足你的短板、为你赋能,就一定要学会通过会议的方式让大家达成同频。

如果你是真心实意想要听到员工真实的声音,也一定要运用会议引导技术,给到员工一个表达的渠道,保证他们不会因言获罪;要论功行赏,鼓励他们成为公司的利益共同体乃至命运共同体。

一个令人沮丧的事实是,这种涉及企业文化和团队氛围的内部变革并不是一件容易的事情,它不仅需要一个长期可持续的计划去推进,更需要自上而下的带头作用。

首当其冲的,恰恰是老板本人。

会议四大痛点

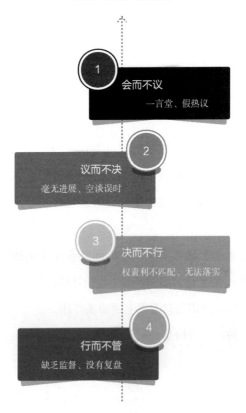

图 1-1 会议四大痛点

> 💡 **思考题:**
>
> 如果你是董事长,如何用一年的时间让公司的业绩翻倍?

这么开会就糟了

你有没有算过自己一周要开多少个会？早会、晚会、周会、进度会、销售目标分解会、项目复盘会、部门协作会……如果你是创业公司的老板，你要开的会很可能比上述这些加起来还多。如果你是大型企业的高管甚至 CEO（首席执行官），你最主要的工作可能就是参加各种各样的会议、论坛、峰会甚至鸡尾酒会。

通常情况下，大多数公司是如何开会的呢？

行政部门通过邮件或者工作群发个通知，说一下什么时间到几号会议室参会，会议主题是什么。如果你是被通知的一员，很可能会看着这个会议通知，甚至反复阅读好几遍会议主题以后，仍然不知道自己要去开什么会、为什么要开这个会、为什么自己得去开会。

进了会议室，要么没有任何资料，全听台上的人说；要么资料不齐全，开会开到一半就得找数据翻记录；甚至整个会议专门暂停半小时，等一个非参会人员找到相应资料再拿回会议室投屏；又或者资料又多又乱，没有重点标注，大家根本看不进去。

台上发言的人滔滔不绝，台下参会的人无所事事。最可怕的是，会议结束之后，每个人都像完成了任务一样，走出会议室的瞬间脑子就放空了——会上说了什么，不记得；会后要做什么，不清楚。

每个人最关心的反而是同一个问题："下次还要开会吗？我能不能不去？"

在我二十几年的企业经营管理实践中，这样的会议比比皆是，我参加过、自己也组织过，甚至主持过这种为了开而开的会。

我发现，这样的会议并不能把人聚起来拧成一股绳，反而随着次数增多而化堡为沙。当会议成了公司效率的窃贼，又怎么能让员工创造更多价值呢？

要知道，会议原本是一个让大家"同频和高效"的工具，如果工具喧宾夺主变成任务，甚至是一天工作最主要的任务，对老板而言就意味着耗费了大量的成本去做一件低效果，甚至会造成负效果的事情。

如果你觉得我在危言耸听，觉得这些问题你都没遇到，可能正是因为你的企业规模、业务数量并没有发展到一定程度，各个部门之间并不需要大量交流和协作。一个跨国大型企业，比如沃尔玛、中石化等企业往往需要同步推进数个大型项目，每个项目又需要多团队多线程甚至多国家之间的沟通调度，他们需要的会议数量是一个家庭式作坊不能想象的。

随着业务数量的提升，会议组织、协调、引导和主持所要面临的难度也会呈指数级上升。

这样的会议越低效、越烦琐、越单调，其实就意味着这个企业的组织活力越低、团队自驱力越差。

为什么？

因为会议风格和氛围是一种自上而下形成的企业文化。开会言之无物、杂乱无章、议而不决、偏离主题，这个企业的文化内核一定是松散、无序、拖沓甚至自私自利的。

观察一个企业是不是处在上升期和变革期，你只要看这个公司的老板、高管怎么开会就行了。不信你看，你是不是经常遇到下面这种情况。

领导微笑上台，说："今天开会，我简单说两句，大家……"然后一通输出，台下每个人都自顾自地沉默着，等好久后，领导说："大家有什么看法吗？"下面鸦雀无声。

如果领导点名叫谁来说说自己的看法，这人马上鼓掌："领导挺有远见的，我觉得领导说得很好，这个方案特别可行……""歌功颂德"以后，全员举手投票，一片绿灯通过，这会议看起来特别高效。可会议一结束，大家回去的路上都在嘀嘀咕咕："这个事情怎么这样弄，领导这不是拍脑袋吗？"

你觉得这个会开得真的有意义吗？你觉得这些员工散会以后会认真执行老板的决议吗？你觉得执行的结果会好吗？

如果在你的公司里进行关于会议效率和效果的满意度调查，你预计结果是怎样的？

有人也许会说，有的企业早就养成了老板做决策、下面照章办事且执行到位的习惯，老板和员工都很适应。这样的企业一般无须改变决策方式。但是，这需要老板有极强的战略能力、思考能力、时间管理能力和杀伐决断的能力。具备上述单一素质的老板大有人在，兼而有之者，凤毛麟角。

更多老板是偏好集体决策来提高决策效率、减轻自己身上重担的。对他们来说，会开得好不好等同于公司做得好不好。

老板心目中有意义的会应该是言之有物、高效准时、观点频出、结论完整的，同时，与会者是心态开放、没有互相指责推诿、愿意聆听各种声音的。

想要创造健康的企业决策环境，要先从开好会开始。

通用电气公司（GE）通过独特而高效的会议模式，帮助以年度为循环的运营体系长久健康地运作，以高超的管理实践享誉世界。我们熟知的腾讯在面临组织架构调整的关键时刻，也正是通过香港930会议，敲定了腾讯变革的方向。

还有诸多大公司借助会议组织和引导技术，明显提升了团队的同频程度，实现效率提升和业绩显著增长。国内知名品牌战略公司华与华的创始人、董事长华杉先生2020年曾在公开场合直言："公司到了一定规模，就需要管理技术。"华与华在召开为期两天的"裂变2"会议时，还曾邀请专门的咨询公司运用引导力技术，引导与会者凝聚共同愿景，讨论激励机制。

所以，变革期的企业尤其要自上而下建立好会议机制。

关于如何开好会，我有几点建议与各位老板共勉。

首先，砍掉那些不需要召开的会议。在必须召开、必须出席的会议上，老板要做到尽量不说话，负责定个基调就行了。你要带着耳朵进会场，不能带着嘴巴来，顶多就是散会前5分钟稍微总结一下。

其次,要有奖有罚,给到授权、支持,用辩论、匿名投票等方式选出谁的表达最好、谁的表达对公司最有益,给他名、权、利上的奖励。对那些积极承担执行责任的人,老板也要做好替他兜底的准备,不能让他们有后顾之忧、畏首畏尾。

最后,不要指望一次完美的会议就能改善现状。想要改变一个人的习惯是很难的,改变人的认知更难。如果你选择请第三方专业机构来帮助设计、引导自己公司的各种会议,就必须要加上复盘的环节。同时要做好准备:你至少需要一整个"疗程",才能初步建立全新的决策环境。

> 💡 **思考题:**
>
> 请大致估算一下你在公司里召集或者参加的会议(会议内容不限、对象不限、场所不限)分别耗时多长,占你整体工作时间的百分比是多少。
>
> 你觉得有多少会议如果用来做其他事情,可以显著提升你的收入水平或者专业技能?

 如何高效开会

想改变？老板先来

有咨询公司做过统计，中国企业中有半数以上的会议时长超过90分钟，尤其是重要会议，往往比预计时间延长约30分钟。《开会的革命》一书中写道，普通职员的职业生涯里起码有9 000个小时（约375天）用来开会。

意大利经济学家兼社会学家维尔弗雷多·帕累托提出了著名的"二八原则"，如果放在会议的场景下来估算，意味着一个会议当中几乎80%的参会者的80%的时间，都是白白浪费的。

越大的公司拥有越多的项目，每个项目都需要开准备会、立项会、决策会、数据分析会、创意会、复盘会、沟通协作会、思路对齐会等等各种各样的会议。大公司的会议室经常是需要预约的，即便拥有一个预约的制度，也不乏有的小组实在借不到会议室，而选择去楼下咖啡馆开个小会。

所以，越大的公司往往会议效率越低。

当会议室成为企业效率低下的重灾区，会议越多，就越耽误事。我看过一些市面上已经出版的关于"如何开会"的书籍，道理大同小异，但有一个要素是不变的，那就是会议技术是一

个需要不断精进的实用技术，它没有绝对正确的方法，也没有什么官方认定的规则。

即便像亚马逊这样立于金字塔顶端的优秀公司，也在实践中不断进化自己的会议技术。好在现在有成熟经验可以总结成书、供大家借鉴参考，对中国4 800多万注册企业来说，未尝不是一件幸事。

天天快递的创始人曾向我真诚表达："如果能早一点儿遇到你，我就不会低效开会那么多年。"这也促使我将自己二十余年的经验、思考汇集成本书。

尽管你已经翻开这本书，并且开始阅读，我依然要申明：或许读书并不能像想象中那样马上改变一个人、一家企业的开会习惯，因为改变和提升需要认知、磨合、反思甚至批驳，而这些对你投入的时间、精力有一定的要求。

企业中有那么多没用的会，恰恰是因为老板喜欢开会。如果老板下定决心，希望企业建立健康高效的集体决策氛围，首先需要改变自己的会议习惯。

下述4点正是开始改变的关键：

1. 参会时禁止参与议题讨论

很多企业的痛点是老板承担了大量决策工作，时间和精力不够支撑他的深度思考和战略推敲。为此，我们可以通过会议设计和引导技术，激发与会者之间的思想碰撞，让与会者针对战略规划、战术执行、落实方案进行有效的探讨和表达。

只要老板不参与讨论，我们就能通过流程设计和引导的技巧帮助与会者说出自己的方案和理由。比如这件事情是销售部门负责的，那最后决策就交给销售部门自己做主，但是其他部门要积极发言、充分表达，给出建议，要有不同的声音。

这个过程中，老板是要禁言的。只有他不作声，才能听到不同角度、不同立场的不同声音，这个团队才有百花齐放、集体决策的土壤环境。

如果老板有表达欲望，也是可以的，只是要放在会前的表态，或者讨论过后、会议结束之前的总结环节。尤其是会前表态，老板只需宣布会议开始之类简单致辞即可，不要对会议议题的具体内容发表自己的看法。致辞时间不用太长，5分钟足够，说好什么时候结束就必须什么时候结束。我们要通过这种严苛的时间管理，帮助老板以身作则，自上而下建立"时间第一"的企业文化。

2. 坚持改变现状的决心，耐心观察效果

我遇到过一言堂的老板，抱着想要改变现状的目的请我们做团队培训。他觉得很有趣、很惊讶："小张在我印象中一直是比较沉默的一个人，没想到在会上据理力争。我从不知道他这么有想法，而且他的方案还挺新颖的。"

所以你看，不是你的员工不发言，而是你没有给他机会让他呈现精彩纷呈的思想。

我也遇到过少部分老板和我表示："下面的人说的我都懂，我听个开头就知道他们想要做什么。我知道这个方案肯定不管用，他们说的肯定不行的。"

其实，有时候的确是手下人水平有限，积极思考但结果不好。可是，人的大脑是需要经过不断锻炼才能开发潜力的。人必须要经过一个跳出舒适圈、跳出能力范围尝试新东西，并先强迫自己的脑子转起来，然后实践检验、获得正向反馈后再建立信心、拓宽舒适圈的完整过程，才能逐步提升思考能力。如果不鼓励他们、不在组织内部先形成一个碰撞的氛围，思维的新芽永远不会破土而出。

所以，如果老板有那么一刹那觉得自己想要的不是溜须拍马式开会，而是更多思考碰撞、更好的创意涌现、更同频的管理团队，就要坚持改变的决心。这或许一时不会有一个立竿见影的结果，但坚持下去，一定利大于弊。

3. 放低身段、回归一线

如果老板个人的表达欲非常强、权力欲也很强，但是他又希望能培养员工的决策能力，建立集体决策的氛围。我的建议是，请你把自己的身段放低，回归一线，成为某一个项目的负责人。

在这个项目范畴内，你是项目经理，你依然可以在会上表达，在其他人给了你相应建议以后由你拍板决定。相应的，你也必须剥离掉老板的身份，你不能插嘴、不能打断会议进程、不能评价其他人的方案，你甚至不能用眼神试图"恐吓"你的伙伴们。

因为你和他们一样，是为了团队更好、企业更好，你们是站在同样的起跑点去做同一件于大局有益的事情的。

4. 做好兜底和奖励的准备

如果这些员工从来没有被授权过参与决策环节并承担后果，肯定会不习惯。过去开会的时候一言不发，现在却要他们尽可能表达自己，决策以后大家就这么放手去干了。正常人这个时候都是懵的。

因为他们没有成功经验，老板也从来没有试图让他们"自理"，大家都是惶恐的。所以老板需要给他们兜底，在授权范围内明确权责利，告诉他们放心去做，"出了事我担着，我不会找你们麻烦"。

奖励方面，则要注意在给予金钱奖励之外，还要考虑名誉、权利和机会等多种形式。单一的金钱刺激，一两次是好用的，却不能持久。越有野心的员工，越会因为机遇而奋不顾身。

总结一下，做好了上述准备的老板，就可以开始通过精心设计的多种会议形式，培养企业内部集体决策、勇于担责的文化氛围了。你也可以开始挑选信任的人来培养他的会议引导技术，或者干脆通过自学成为一名优秀的会议引导者。

> **思考题：**
>
> 你觉得自己更适合召集会议还是参加会议？
>
> 你认为自己更擅长把控会议节奏、引导他人思维碰撞，还是投入讨论内容本身、阐述自己的观点？

TRECK 才是好会

如何判断一个会议质量的好坏？究竟怎样的会能被称为一个好"会"？

在十几年的实践中，我观察、参与、组织、主持了不同人数、不同场合、不同目的、不同形式的数千场会议，最终找到了自己的一套评判标准——TRECK 模型。

TRECK，意为艰苦跋涉、长途旅行。开会就像是一群驴友为了到达同一个目的地而开启的旅途，他们之间可能互相并不熟悉，也可能早就有一同前行的经验，他们可能有不同的梦想终点，但在当下这段路，大家有相同的目的地。

好的会议即符合 TRECK 模型的会议，就是能让这群人同时出发、同时抵达，一路有欢笑有碰撞有疑惑也有解答的"攻略指南"。

具体来说：

T=Thinking，意思是所有与会者必须保持全程高密度的思考状态。他们跟随会议引导者的节奏进行探索和尝试，互相挑战和关怀，并在这一过程中打开自己，以开放的心态对待观点的碰撞，从中寻找解决方案和提升自己的途径。

R=Resolution，会议结束的时候必须要拿出决策来。开会实际上是用所有人的时间和头脑来换取团队的解决方案，或者是战略同频的资源配置过程。你甚至可以将之理解成为一种商业模式，那么如同所有商业模式最后都要回归到盈利模式上一样，开会的结尾一定要有可执行的决议拿出来，否则这个商业模式一定无法长久存在。

E=Equal，意思是所有与会者的发言时间必须是公平的，发言机会必须是充分的。当我们需要运用与会者的头脑来实现集体决策的最优选时，首先要保证每个人的观点都能得到充分表达并被尊重，这就必须依赖严格、精准的时间控制和流程设计来完成。热爱表达的人不占用他人时间，羞于表达的人能被引导和鼓励大胆表述，这样才能让会议观点频出，与会者理智探讨，集体决策实现共赢。

C=Clockwork，整场会议必须精准控制总体时长，绝对不能超时、拖堂。会议是团队文化建设中应用频次最高的场景，也是最能酝酿、凝聚团队文化的场景，当会议每次都能准时收官时，与会者对集体的信心、对团队的认可就会不断叠加，从而形成正向循环。

K=Keep independence，意思是与会者在投票的时候必须忠于自己，不能被职级、岗位、人际关系等因素裹挟，而发生随票站队的情况。会议的目的无外乎集体决策或者战略同频，本质都是达成共识。如果因为各种外物施压而违心选择,等于违背了会议本质,会后落实的环节也一定会出现推诿、拖延等各种后遗症。只有忠于自己内心,才会让少数方也能坦然接受集体选择,并投入后续执行中,和团队一起齐头并进。

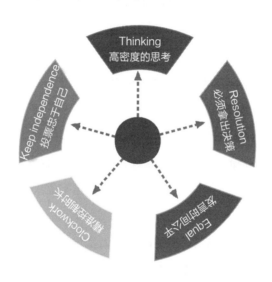

图 1-2　TRECK 会议模式

企业中的会议,尤其是务实会,涉及战略同频、战术执行等关键决策,绝对不能言之无物、流于形式。一个好会要让员工想开、敢开、爱开,并且能通过这种同场域的即时沟通实现决策效率与决策胜率的双优。

企业当中的所有会议,最后的落脚点一定是业务的提升,要么体现在流程的改进上,要么则是更为直观的营收或者利润

如何高效开会

增加。换言之,如果一个会议符合 TRECK 模型,开得"花团锦簇、天好地好",但是没有一个落脚点是帮助团队同频、业绩提升的,我们就要反思了。

你为什么要开会?

是为了发现问题、解决问题,还是为了显得自己在忙碌?

我认为会议一定要有一个主旨,比如团队的愿景、长远的目标、公司的信条,这些是你们写在骨子里的精神灯塔。

有这个前提作为引领,有 TRECK 模型作为执行参照,企业的会议就像拥有了灵魂和主干扎根于沃土一样,这棵大树就不会长歪,它会比那些粗放生长的树更有机会成长为参天巨木。

我想要说的是,知道什么样是一个好的会议固然重要,但比开好每一个会议更重要的是——不开没价值的会。

会议的价值,往往体现在两方面,要么会议本身耗费的成本低廉,要么会议达成的效果卓越。逻辑上来说,分为两步:

- 通过筛选,只召开必要的会;
- 通过引导,把必要的会开好。

好的会议一定是有效率的,**效率 = 效果 / 时间**。会议的效果可以是一个优秀的创意、一个可以落地的决策,也可以是参会的一群人互相赋能有所启发。从务实的角度来看,会议的效果会转变为业绩上的提升,而格局更高一点儿来看,会议的效果又可能是企业文化的优化。

所以,我们其实很难用一个统一的标准,不引起争议地来衡量会议的效果。

时间对所有人都是公平的。我们完全可以用时间作为最重要的变量，来实现会议效率的提升。

所谓"必要的会"，是必须要两人以上"会面"加"商议"，有思想碰撞和交流过程的，立足在企业降本增效或者长期规划上的重要会议。

那些"不必要的会"，则是形式意义大过于实际操作意义，或者单纯知会性质，不需要听取别人意见的会议。

企业一定要先做减法，后做加法；先尽量少开会，然后才是把每个会议的效率做到极致。TRECK模型能帮助大家理解好的会议应该具备怎样的要素，具体哪些会议有怎样的亮点，我们如何通过放大这些亮点，再根据自己的企业文化和价值观，总结出自己的会议方法。我会在后文中穿插案例为大家展示和讲解。

你适合成为会议引导者吗？

说了这么多，一定会有人问，"会议引导者"是什么？这和"会议主持人"有什么差别？简单来说，会议引导者当然要承担基本的主持责任，但主持一场会议，可比引导一场会议要容易得多。

从汉语词义上来看，"引导"是通过行为帮助别人走出困境，或者带着人向某个集体目标行动。引导者总在被引导者的前方，引导者处于主动位置，被引导着处于被动位置，但是又不同于"驾驭者"。在英文语境中，引导者是"facilitator"，主要作用是推动一群人成为更有效、更容易形成高质量结果的人。

"主持"则是负责掌握、处理，或者主张、主意。诸位发现区别了吗？相较于"引导"而言，"主持"两字可以表示会议引导过程中的基本工作任务，但无法体现我们对会议效率更高维度的要求——通过会议建立企业文化，提升效率。

比如许多家长在培养孩子的综合素质时，会选择给孩子报班学习"小主持人"。如果你搜索相关视频，会发现这类主持更像是按部就班的仪态展示和报幕朗诵。

如果企业会议中的主持人也是这样，带着职业化的微笑，手里拿着流程单，甚至有的从头到尾都没设计过流程，只是在话筒前说一句："今天我们主要讨论这个事情，那个谁你先说吧！"

你是不是觉得稀松平常，虽然有点儿无聊，但大家不都这样开会吗？

然而，会议真正需要的不是一个报幕员主持，而是一个懂得设计流程、规划时间、把控节奏，甚至在关键时刻可以救场的引导者。这个角色承担的责任不是把一场会议几个小时的时间走马灯一样耗完，而是通过会前的信息搜集、分析和沟通，会上的引导和控制以及会后的复盘和总结，来帮助企业、团队建立更有效的集体决策机制和团队沟通氛围，从而提升组织整体的软实力。

那么，什么样的人适合成为会议引导者呢？下列特质，我认为是必不可少的。

1. 较真、规则感强

这个人最好是有些较真的，他自己非常尊重规则，也会严格要求与会者一样尊重规则，甚至在对规则的维护上，有一点儿"愣头青"的意思。他可以坦然地据理力争："只要今天的会议已经事先知会所有人由我引导，这个事情就由我做主。管你职位比我高多少，你也不能压我，我就要把这个事儿弄好。"

过去我们可能觉得"愣头青"是个贬义词，觉得这样的人情商不高。但是，如果是在一个从来没有建立对时间规则尊重文化的企业里，恰恰只有愣头青这样的人才能做好从无到有的起步工作。比如他们的规则感很强，不退缩、不畏惧，一旦授权到位，不会因为职位和外在因素降低对落实规则的要求，真正能做到"规则面前一视同仁"。

过去有很多会议，原定只有两小时的时间，硬生生拖到三四个小时。面对大家一而再再而三地挑战规则超时发言，主持人两手一摊："我也没办法，你们都是大佬，官都比我大，不赖我。"实际上就是因为主持人只做到了基本的主持工作（甚至还没做好），并没有作为"引导者"的自我认知。

换句话说，没有规则感的人，实际上是在用甩锅给领导的方式，为自己的无能开脱。在会议现场带节奏的人一受到挑战就不断退缩，直到毫无底线，这个公司的会一定开不好。

2．忍得住、不下场

一个有效的会议一定是碰撞激烈、火花四射的。就像春秋战国时期的名士们舌战群雄一样，会有大量的观点输出和论据阐述。如果会议引导者下场参与讨论，那就不对了。因为他进入到与会者的角色中去了，他会失去中立性，会站队，会有偏颇的时候，甚至会人为影响会议进程和最终结果。

许多老板在开会的时候承担了引导人的角色，一旦忍不住进入讨论的具体事项中，就会导致所有人马上顺着老板的意思往下走，最后又回到了"会上老板英明，会后什么玩意儿"的怪圈中。

所以，会议引导者一定要忍住表达自己观点的欲望，他更重要的职责是中立地引导一场以终为始、节奏适宜、观点鲜明、效果卓越的会议。

3. 逻辑思维、归纳能力较强

这个归纳不是让会议引导者下场表述,而是需要凝练与会者表达的长语句、段落,将之归结成寥寥数语,提炼出对方的中心思想。

有些表达者在急于证明自己的观点时,会绕很大一个圈子来表达一个简单的意思。尤其是讨论环节,听众没有PPT(演示文稿软件)参考,只能跟着他的表达来领会,大多很难从中总结出论点。那么会议引导者就需要在发言者说完以后反问一句:"你说的是不是这个意思?"这样才能让后面发言的人可以有的放矢、对症下药地去针对这个论点进行辩论或者共创。

形象一点来举例的话,表达者心里可能有个点,他试图用线和面来定位这个点,但表达到最后往往这个面越来越大,甚至从平面变成了"重庆导航图",以至于听众很难找到他的点。会议引导者就需要把面拆解为线,抽丝剥茧,再突出表达者最核心的点,剖出来给大家看。

4. 和会议本身利益相关

这个利益相关是分两层意思的,一种利益相关是引导者自己是议题、项目相关部门的人员,会议的结果和他是息息相关的,比如项目负责人、部门领导等。

他本身对项目信息和与会人员有一定了解,能省去很多前

如何高效开会

置工作,而且自己最终还是要参与到实际工作中去的,这样他就会对会议的落点有更高要求,更追求言之有物、行之有效的决策方案。

第二层意思是引导者能因本次会议引导而获得相应的好处。如果请第三方机构来主持会议当然要给予报酬,相应的,若是让员工来引导会议,就更要给他名、权、利、机会等相应的嘉奖。

对员工而言,引导会议本来就是他本职工作以外的任务,只有能因此获得确切的好处,他才会不断突破自己,提升自己的会议引导技术。

如果公司内部能培养出一批优秀的会议引导者,不论从管理成本、效率去考虑,还是从团队赋能的角度来评价,这都是我们期待的最佳状态。

每一个管理者都需要具备一定的会议引导技术。他们就像是企业里的枢纽,负责传递、调度、协调和配合,只有通过他们开好每一个必要的会,才能高效率地让每个小团队实现层次匹配、认知对等、步调一致和节奏统一,进而实现企业层面的同频。

最后,会议引导者是否有性别、年龄、外貌要求,我觉得并不重要,但是他需要有一定的亲和力,或者说,有基本的表达能力和破冰的能力。他至少能让人如沐春风,让人愿意把时间和思维交给他去引导。

如果你有上述4点特质,自信能成为一个优秀的会议引导者,也愿意学习这些技巧,欢迎你翻开这本书,和我一起渐入佳境。

线上会议的挑战

2020年，一场突如其来的疫情打乱了许多人的生活，随之而来的工作状态甚至行业生态的改变，也向企业提出了更多挑战。首先就是会议场景由线下会议室变成了线上软件。

我最早接触线上会议，是因为要主持企业家的私董会。大家都是大忙人，很难凑到大家都有空的时候聚在一起共创。2018年开始我就设计了线上思辨共创会的模式，每周挑选一个议题，让企业家们表达观点，从而保持一定频率的思维碰撞。

我发现这个事儿还真挺不容易。首先是时间安排上，没空的人不论线上还是线下，总是没空；有空的人一旦到了线上的环境，也容易走神或者受其他事情干扰。有企业家朋友建议我干脆发语音，大家都在群里按顺序发语音，想听的人听，不想听的人直接转文字，还能留存下来一些东西。

看上去特别有道理，但仔细一想，这似乎违背了会议的本质。我们都讨厌听一长段的微信语音，很多人第一反应就是转文字。因为通过双眼"看"的效率远大于从"听"的动作当中找到关键词、梳理逻辑，最后理解含义。可既然看的效率更高，为什么一定要开会让大家说和听？

因为不是每一个在工作群里回复"收到"的人都能真的去理解语音背后的内容；而那些单纯收到，不去发表自己见解，没有实时信息交互的"高效率会议"，实际上就和通知会没两样，是完全不用开的会。

开会就是为了思想碰撞，所以线上会议更要以此为前提进行取舍。能不开的会就别开了，尤其不要放到线上来开。毕竟线上会议的组织，也并不是一件简单的事情。

我刚开始开线上会议的时候特别不适应，尤其是参会人数较多的时候，往往临开会了还有人杳无音讯，需要助理不断微信、短信、电话催人进入线上会议室。进来以后小王在吃饭，小李在和家人聊天，小张还要来一句："啊？那个谁是不是还没来？"

一方面开会时间不好统一，另一方面通话效果难以保证。好不容易经过两次磨合，能让所有人按时参会，可以闭麦控场了，又会出现因为网络卡顿而影响沟通质量，甚至出现话说到一半发言人掉线了的情况。那个时候，我最怀念的就是一个窗明几净的线下会议室，我可以随时关注每个与会者的状态，可以得心应手地处理各种情况。

但是，线下会议尚未能解决的效率问题，放到线上更不可能解决了。换句话说，同一个公司，如果线下会议开不好，线上开会的效率可能更低。举个最简单的例子，线下开会即使有人的脑子是休眠的，他也肯定不好意思在会议室里直接打瞌睡，但是线上会议就不一样了，各种情况都有可能发生。

人有时会以为自己是可以多线程运转的，反正线上看不到人，我对着电脑，你们说到我感兴趣的我就听听，点到我我就随便说两句，其他时候我做做自己的工作甚至追剧打游戏，能有什么影响？

其实影响特别大。线下会议中我们讲究同样的场域里，一群人为了同样的目标来协同作战；而线上少了物理环境的制约，用中国人的说法，大概就是精气神容易散开，较之线下更难形成群体心态，也会减少从众行为的发生，久而久之会降低集体凝聚力。叶茂中的创意会，据说就是一帮人坐在会议室里，不准上厕所也不准离开，必须要想出来点子才能离席。

线下会议更容易实现这样紧凑的节奏和激烈的碰撞，这些优点是线上会议不具备的。

其次，如我前文所说，线上会议不需要空间层面的移动。这也就意味着改期开会的成本变得极其低廉，如期开会的难度不仅没有降低，而且又对会议效果有着更高要求。

所以，我后期刻意减少了线上会议的频次，至少那些可参加可不参加的清谈会，彻底从我的日程表上消失了。而值得我参加的线上会议，包括学习会在内，一定是精细化组织，有内容有亮点，可以互相之间激发心流的会议。

我又发现，经过周密筹备和妥善引导的线上会议，有着独一无二的优点：

1. 拥有众多工具，可以帮助会议留存相应资料，如实记录思维碰撞的全过程。尤其是即时生成的会议记录，能极大减轻记录者的工作。

2. 成本极其低廉,几乎可以零成本组织和召开会议。有些集团举行分公司大会时,需要支付昂贵的差旅成本。线上会议可以做到跨时区、跨地区同步会议,极大减少了企业的管理成本。

3. 自动筛选会议,线上会议的难以组织,反而会倒逼管理者思考和筛选哪些会议是可以不开的,只有那些对他们而言极为重要、必须召开的会议,他们才会放到线上来进行。

这里也有极端案例。比如一些 IT 企业会把整个项目组的办公场地直接搬到会议室。他们的日常工作和会议场景完全融合,有什么自己解决不了的难题马上就问,所有人可以立即停下手上的事情开始讨论和测试。对这样的团队而言,线下会议永远是更有性价比的选择。线上会议一定是我们了解会议引导技术避不开的话题。

并且,线上会议可能是一个初学者最容易切入会议主持工作,锻炼基本引导技巧的场景了。如果你已经在使用线上会议,请重视每一次组织和主持的机会,因为它将是初窥门径的你最好的演习场地。

更重要的是,你要在这个过程中不断思考并建立自己的一套标准——怎样的会议对你和你的企业来说是不可或缺的,你要如何开好这样的会议?如果回到线下会议室,你又会针对会议引导工作进行哪些调整来帮助你的团队提升会议效率?

所以，不要那么急不可耐地判定一个新生事物的好坏。我们不妨借此机会列个清单，让那些可有可无的会议从此消失在企业中，把真正的资源投入到对企业至关重要的会议上来，运用卓越的会议引导技术，实现团队同频、业绩腾飞。

第二部分

会议人员选择

为什么非得开会

讨论"企业怎么开好会议"要先明确一个前提：

我们为什么要开会？为什么非得开会？

很简单，因为"有议题要沟通"。这里包含两层意思，一是信息的传递上，怕有疏漏和理解错误所以开会；二是议题本身需要经过讨论，双方要有交流碰撞的过程。

很多老板开会的时候有个误区，就是恨不得把所有相关人员都叫过来一起开会。为了"让对方完全清楚"而浪费所有人两小时的时间。这是许多公司里常见的现象。更有甚者，议题对这个参与人来说没有任何意义，也没有授权给他相应职能，甚至都没准备让他发表观点，却硬是要求对方全程都在，而这个与会者承担的所有责任，似乎只是必要的时候举一下手而已。

因为会议组织者害怕传达变形。变形包括但不限于：战略规划、战术手段、考核标准、流程要求等内容的理解、传达和执行。

如果单纯是传达，他完全可以通过邮件抄送的方式，要求相关人员回复，以此确认传达到位，也可以通过群公告知会所有人。尤其是无异议的通知，邮件和群公告的效率无疑更高。反正不需要讨论和建议，只要有一个书面回复确认责任归属即可。

那么，为什么还要开会？尤其是一定要线下开会？

从战略层面来说，我理解的"会议"一定不是前文所描述的那种单向输出的通知会，而是一群人为了达到一个目的，进行"会面"并"商议"。在日常工作中，开会往往是由高层发起和组织，由同级别和下属的同人参加的团队行为，通常是自上而下的。这又和企业文化建立的方向高度一致。

只有自上而下的文化建设和传递，才能让企业文化被员工奉为圭臬。这不是PUA（指在精神上控制别人），而是言传身教。婴儿从呱呱坠地到长大成人，一直接受的是家庭、师长凝练过的教育，并被社会和生活塑造成某个样子。可见底层逻辑和根本的三观的确是需要自上层灌输至下层的。

有一次，我去我合肥的公司开管理层大会，下面坐着几十个优秀干部，大家都等着我来培训。我突发奇想，准备从高管开始抽查我们公司从建立初期就一直在强调的企业文化。

其实也就7个字：数据、结果、执行力。

可是突击考核以后才发现，有的人早已经忘记了这么简单的、本应深入人心的企业文化。我当然很失望，但也能理解。因为种种原因，这个企业文化的宣导和执行，的确没有过去那么认真和深刻。

有很多管理者都认为企业文化是个抽象的东西，根本没有必要去建立。我有一次去某上市公司主持会议，台下坐着的都是比我会当老板的人,他们当中最差的一年企业营收20亿元,最好的百亿级别,但当我说我自己公司的企业文化是"数据、结果、执行力"的时候,他们几乎都在拿笔记录,我觉得这是一种认可。

但是,放到企业内部,如果员工自己都觉得企业文化不重要,只是为了完成转正任务死记硬背,其结果就是在长期的工作中,他不会记得我们公司是需要数据和结果来证明自己的。严重一点儿的,会有人逐渐忘记初心,忘记自己应该坚守的原则和信念,和企业背道而驰。

企业文化的建立,应该是通过会议,自上而下到达每个员工的心里的。

从工作实践来看,如果事情是需要所有人参与讨论再做决策的,当面开会、专注讨论,就很有必要了。

比如:

1. 事项重要且我已有方案,希望当面确认细节。你能直截了当明白我的意思,如果我说得还不够清楚,你可以当面向我提问,我来回答这件事情应该如何处理。
2. 我没有方案,或这个方案我自己觉得还不够完美,希望能和与会者讨论一下,得到一些反馈,当面对话可以互相激发。

所以,回到最初的问题:如果只是单向输出的话,的确不需要开会;但如果必须要开会,在选择与会人员的时候,你就要开始动脑筋了。

这里我们将企业常见的会议按照不同性质和目的用途分为如下几类：

1. 战略聚焦会

企业当中最重要的会议就是战略方面大大小小的决策会议。这里使用"战略"二字的含义并非仅仅将决策的类型约束在战略高度层面，实际上战略的每一步前进都离不开战术层面的配合，这就需要无数个决策来支撑战略从小到大、从浅到深。

所谓的"聚焦"，是指这样的会议是务实的，会议结束的时候一定会聚焦到具体的决策上。这样的决策，最后又一定会聚焦到企业关键的指标上，比如成本的降低、营收的提升、利润的增加、市值的提升等。

简言之，就是会议结果必须要符合 SMART 原则，有具体的人负责具体的事项，背负相应的 KPI（关键绩效指标），具体后文我们会详细说明。

2. 战略发散会

日本北海道大学进化生物研究小组对 3 个分别由 30 只蚂蚁组成的黑蚁群的活动进行观察，发现了"懒蚂蚁效应"。企业里也是一样，大部分员工就像勤勤恳恳的蚂蚁一样解决实际的生存问题，但少数无所事事的蚂蚁坐在工位上，你感觉他没有创造任何价值。可一旦问题来临，蚁群的食物来源遭遇危机，"懒蚂蚁"们就挺身而出，带领大家向他们早就已经侦查到的食物源转移。所以那些发呆的员工,可能只是把大部分时间花在研究和分析上,他们总能找到组织的薄弱之处。

战略发散会,也就是我们通常所说的"务虚会",包括头脑风暴、创意提报等形式,是让"懒蚂蚁"们动起来、在危机发生前预警的好方法。

发散会可以不解决任何实际问题,只是抛出一个现象或者一个主题,每个人尽可能地让思维自由徜徉,畅所欲言。企业能听到天马行空的创意,甚至那些"懒蚂蚁"们往往会给出让人眼前一亮的观点。

值得注意的是,企业里一定要有战略发散会,但不要太多。

3. 战术执行会

公司里最常见的会议,就是战术执行层面的具体解构和调度会议。许多项目需要不同人员跨部门协作,项目从立项到执行落地的过程中,时间跨度大、人员牵涉广、资源投入大,需要很强的管理协调能力。

战术执行会一般不需要太长时间,但要求关键人物都要在场,用以确认具体执行方案的同频程度。如果单纯只是交换一下项目进展,我更偏好不开会。

反过来,一旦项目执行过程中出现反常现象,则一定要及时召开会议,让相关人员熟悉当前进展,知道各自应该承担的职责,并对涉及的关键指标负责。

我的经验是,战术执行会的相关人员最好都能分享项目收益,将"帮忙干活"的心态转为主人翁心态。这样,每一次会议,都可以成为大家高度同频的催化剂。只要会议开得好,每个与会者就能真正实现"力出一孔"和"利出一孔"。

最后,还是那句话:不开没价值的会,比开好每一个会更重要。开会一定要先做减法,再做加法,先减少不必要的会议,再开好必要的会。

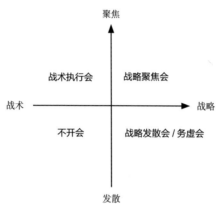

图 2-1 开会四象限

> 💡 思考题:
>
> "高效会议"的企业文化的最大的破坏者是谁?

你没事儿过来听听

热情好客的中国人临时邀请旁人一起吃饭的时候，会说："来都来了，没事儿，多个人多双筷子！"

这个句式放到公司里，其实也不少见。比如我们耳熟能详的话："等下开会，你没事儿一起听听。"

吃饭应该是一件边际成本不大的事情，毕竟饭菜都做好了，多一个人的确没多大的成本，那开会呢？

4个出发点

有阵子我一直在思考，为什么很多管理者觉得开会也是一件边际成本递减的事情？在召集开会，尤其是临时起意开会时，管理者经常会路过某些工位，顺便"薅"两个"有为青年"进会议室。

管理者不会关心被邀请人的心理状态是错愕还是抗拒，反正他的职位摆在那里。如果恰好这些"有为青年"也没有在做特别重要的业务，他们也就抱着茫然的心旁听会议去了。

为什么大家会有"多叫些人来开会"的习惯？

我总结了一下，大概有以下这些出发点：

- 一步到位，信息对齐的效率更高。
- 教学性质，一对多更有性价比。
- 不放心他人的工作状态。
- 确实需要他人参与讨论。

我一直强调的是，如果只是单纯的信息传递，不需要反馈，那么是不需要召开会议的。也就是说，走进会议室的人必须对议题有贡献，他需要发言。

反过来，每场会议的持续时间和参与人数，其实是有上限的。举个极端的例子，一场会议50个人参加，计划用时60分钟，你能保证每个人都有1分钟的发言时间吗？就算可以，你觉得这样的会议有意义吗？

那些只需要知道结果就可以的参会者，坐在会议室的意义又是什么？气氛组吗？

所以，信息对齐和确认其实并不需要通过喊人开会的方式来完成，你可以用通知、签字回传等各种方式来高效率地实现信息传递到位。

第2种教学场景的会议，常见于老板（也可指代部门或者项目负责人）召集的会议，就像医院里面大主任查房的时候，后面跟着一群住院医生——主任现场讲解，小医生们赶快记录、赶快问。

这种会议对老板本人的能力要求很高，也意味着在老板心中，自己的时间价值是远远大于全部参会者的，悬殊很大。

第3种，我这里不赘述。如果一个老板并不放心下属的工作,觉得动不动就需要叫他们进来问一下:"最近怎么样,遇到什么困难?"

那么,这是老板自己的问题。奈飞的管理文化中最基本的一条是"只用成年人"。所以,请把你的时间公布出来,让那些真正遇到困难、主动寻求帮助的人来找你,而不是用开会的方式抚慰自己脆弱的内心。

第4种情况才是真正需要多叫些人来开会的。上会的人必须要对议题有价值,他们所有人付出的时间和智慧,经过加权汇总之后所代表的会议的隐形成本,是能够为公司带来更多价值的。

时间成本观念

让我们再进一步去分析问题的本质,你会发现,误以为开会就是"多个人多双筷子"的管理者,往往缺乏对于"时间成本"的全面认知。

许多管理者对于人力成本的认知停留在每个月付给员工的薪水和待遇上,却忽略了时间成本的重要性。他们邀请更多人开会的初衷,其实是"不浪费",觉得反正你现在也没干出业绩,过来听听学习一下挺好的。

如果这个人真的在做业绩,比如马上要去拜访重要客户,他也不会强求。也就是说,大部分管理者的确是会筛选一下参会人员的,只不过筛选标准相对"朴素"。

尽管如此,我也知道"扩大会议"其实还会是公司开会的一个常态。但是,在时间价值的影响下,我们可以让旁听席的资格变得更加珍贵和有价值。

我举个简单的例子。如果今天的会议很重要，我希望培养一批未来优秀的管理者，但他们暂且不具备上会发言的资格，你可以这样去做取舍。

对你来说，这 10 个列席人员耗费了会议时长乘以 10 的总时长，是不是一种长线投资？怎样能保证这 10 个人和你一样，认为上会旁听不发言只记录，是一种自我投资？

我的做法是在会议开始之前，明确地告诉列席人员，这场会议你们不需要发言，但需要思考。我会让他们知道会议目的、议题内容，叫他们旁听是为了了解公司的会议文化，还是为了让他们知道决策是如何产生的，以及他们下去之后要带着怎样的主旨思想执行。

如果没有这个提前明确和达成共识的过程，叫越多人来开会，就越浪费。

即使对于必须参加讨论的与会者，我们也一定要习惯用"时间价值"来取舍——到底是让他来开会，还是让他去干活？想要具象化这个取舍的标准，你可以问自己一个问题：

如果这个人不来开会，他去做单子，他一个小时能产生多少营收？

如果这个人当下要做一个大单子，这个单子没他不行，同时这个会议也必须要他在场才能开。

你会选择让他先做单子，做完了再开会，还是单子先放一放，先开会？

销售人员心中一定觉得客户更重要、出业绩是第一要务，那后勤部门又要怎么取舍呢？

答案也很简单：会议的发起人一定要改变自己的心态，会议一定是预约制的，而不是临时召开的。临时开会，就要做好别人拒绝参会的准备。

做个"时间很贵"的老板

网上曾经有个梗："最讨厌没有边界感的老板！"

说的就是员工明明工作很忙，还被老板喊去开会，搞得好像这个会"没我不行"，上会以后又发现啥也不是。

其实，如果公司从老板开始带头，每个人都有时间成本的概念，这种痛苦就会急剧减少。相反，如果大家都认为成本就是工资单上的开支，认为时间成本是0，那么老板就会觉得反正你闲着也是闲着，还不如来开会集思广益。

可见，老板不仅要把手下员工当作有独立思想的成年人，还要把自己的时间看得很重要。你的时间不要花在没事主动赋能员工上，你要做的就两件事情：

1. 把时间空出来，公布出去，让员工反向预约你的时间，以寻求提升和支持。你要让大家来争你的难得的时间，而不是你闲得没事便找点儿事感动自己。
2. 想办法让你的时间产生应有的价值，在公司能够正常运转的时候，试着去做一些提升企业升值空间的事。

我在参访某化肥行业上市公司的时候，发现他们走得很快，路子很宽。过去，生产化肥的过程中有个副产品，不仅需要购买碳排放指标排出，而且损害环境。于是，他们增加了一个业务线，就是把这个副产品加工成食品行业可以使用的二氧化碳出售，可以说实现了人、企、环境的三赢。

我不是否认扩大会议存在的必要性，但是大家一定要权衡一下，要习惯用时间成本的概念来衡量开会的必要性，来控制会议的规模。

尤其是老板本人，你的价值最终会回归到时间，就像我们习惯于形容马云、王健林等人是何等富裕，一分钟就能挣多少钱一样——其实你的时间也如此宝贵。

你不需要主动插手员工的工作安排，你需要的是在他们需要的时候，做他们坚强的后盾，给钱、给人、给权、给责任、给期待、给反馈。

你的价值并不体现在召集了公司的多少人开了多少会，帮助了多少员工，而是要把企业带入更广袤的天地，扩大到更上一个台阶的规模。

与会者在"精"不在"多"

我们前文说过,把所有人都叫来开会是一个误区,也是对人力、时间等资源的浪费。暂且不去看会议性质的分类,如果再简单一点儿,把会议按照沟通的方向,也即信息流向来分,其实就两类。

1. 以深度输出为目的

面对面沟通往往更有深度,那么在选择与会者的时候,就尽量往少了选。人的精力是有限的,人一多,其实就达不到深度沟通的目的了。尤其是以输出为目的的会议,比如上下级之间的方案指导,就最好是一对一进行。

老板和主管开会:这个方案要怎么做,我来告诉你,你有问题吗?你需要什么支持吗?没有那 OK,结束之后照章执行。这不是通知会,而是需要一定信息交互的,这样一对一会议的效率又高又有深度,双方把 KPI 和权责利都能快速聊明白了。

这就好比过去小孩子上补习班或者我们去健身房,一定有大小班的差别。一个班级里学生越多费用越低,最贵的永远是一对一的"私教",因为这样老师讲解输出最到位、学生接受信息的体验更深刻,又能实时反馈便于双方同频。

所以,如果你希望深度地将自己的意思完整、尽量不失真、没有损耗地输出给下属的话,就要压缩选择与会者。因为人越多,信息损耗越多,输出深度上的效果也就越差。

2. 以获得反馈为目的

当会议目标是想完善自己的方案或者了解不同角度的观点,你希望找一帮人来共创,给自己赋能的时候,首先要问一下自己:"你是不是真的想听他们说?"

如果只是坐下来,让大家定个方案,看看还有什么意见,潜台词就是"有本快奏、无事退朝"。本来没什么大事赶紧散会就行了,忽然来个愣头青说:"领导,我有问题!"这下领导反而不开心了,这样他就不是真的想听别人的意见。

当你抱着开放的心态,不是去说服大家,而是希望获得有效反馈时,你对与会者最低限度的要求也得是他具备一定的思考能力。一个人的职位高、经验足并不能代表他的思考能力很强大。所以,我们要注意,甄选与会者时千万不要有经验依赖。

以深度输出为目的的会议,往往局限在极小范围内,一般参加者不会超过3人,能进入这个会议现场的,往往也是企业的重点培养对象。

以获得回馈为目的的会议,也不是"规模越大效果越好"。

《疯狂的简洁》一书中讲到了乔布斯在苹果公司的一些工作习惯。作者肯·西格尔同乔布斯共事多年。有一次在和广告公司的例行会议上，乔布斯突然发现了一位名叫洛丽的女职员。

乔布斯问道："请问您是哪位？"洛丽解释说，因为这个案子和她所在的市场部项目之间有关联，所以她也被叫来开会。然后乔布斯礼貌地请她离开了，他说："我不觉得你有必要参加这个会议，洛丽小姐，谢谢。"

不近人情的背后，实际上体现的是乔布斯选择与会者时"精益求精"的态度。"非直接负责人不参会"和"不去参加没必要的会议"是乔布斯开会的第一法则。即使时任美国总统的奥巴马为科技界大佬举办的小型聚餐，乔布斯也曾拒绝参加。

能和他开会的人，都必须能在会上体现他们应有的价值。反之亦然。价值不大的人和会，他都会主动拒绝，并且坚持这一规则毫不动摇。

也许有人要提出异议了："说是这么说，但我们公司开会经常也有几百人的大会，说的也是比较重要的信息呀，人也很多啊。"比如公司新来一个首席执行官，在全体大会上给大家做个介绍和宣导，这种情况的确很常见。

但是，这样的会议在形式上的意义远大于对效率的要求。因为他讲述的内容并不复杂，甚至很多内容完全可以邮件发送全公司。这种会议更像是新官上任的仪式感，而不是我们需要去引导思维碰撞的会议类型，它只要有流程有主持有司仪即可。

另一种常见的多人会议，其实是包括论坛和课程两个板块的内容，很多跨国公司、组织的年度大会便是如此。比如全球寿险精英盛会 MDRT（百万圆桌会议）和一些行业峰会。这种会议更像是针对台下听众的培训，而非本书所要探讨的管理会议，以后不再赘述。

最后一种常见多人议事的大会，也不是乌泱泱一群人挤在一起探讨。很多百人，甚至千人大会，需要与会者贡献智慧的，往往会用分日程、分组别的方式来缩小单一议程的实际规模。比如我国每年召开的全国人民代表大会、党代表会议等大会，参会人数达数千人，他们并不是每个人都坐在人民大会堂里挨个讨论议题走流程，而是分成不同代表团举行分组会议。

这就是我要说的了，这种会议实际涉及的每个议题，在讨论的时候仍然是小范围参加的。一定是相关人员才有资格进入会议室发表见解并参与制定一些决策的。

如果公司里一个会议有多个议题，那么你需要规划好大家的出席时间，不需要他在场讨论的议题，就请他离开会议室，帮他节约时间。

在企业内部日常管理工作实践中，当你的会议涉及多主题、多部门、多人员时，也可以通过类似方法，将会议分组，缩小单个会议规模，压缩参会人数，让与会者"术业有专攻"，在自己合适的会场内发挥自己的聪明才智。

与会者的选择从"严选"开始。他是否具备一定的独立思考能力、清晰的语言表达能力和基本的表达意愿，这3个维度将成为你挑选与会者的必要条件，三者缺一不可。

3个能力同时具备的人本来就少，而同样优秀的人在一起能碰撞出更多火花，这不是"1+1+1=3"的事情，而是指数级的变化。在共创的过程中，这些翘楚又能加深互相之间的了解，惺惺相惜。

如果你的公司规模有限,也不要担心。你可以针对一些议题开放少数名额给那些有潜力的职场新人,让他们有机会去适应公司通过会议集体决策共谋发展的文化,给他发挥和提升的空间。

同时要注意的是,既然已经决定给到新人机会,就一定要允许他思考和表达,哪怕他的方向不一定是对的,你也一定要做到从流程到心态上全方位地包容新人。

新人可以在某方面有所欠缺,但思考能力、表达能力和表达意愿,他至少应该具备一样素质,并且是能让其他与会者(包括和他同级别的新人在内)觉得这个人是有潜力、有价值,可以给时间让他成长的。如果不行,下次就不要让他上会,除非他有了明显进步,能为整个会议创造价值。

反过来说,如果你公司里的老员工缺少这3个能力,你也不能"论资排辈"或者心存仁慈。你要及时地摒弃掉这些对团队发展和企业文化建设没有贡献的人,把他变成执行会上决议的人。

独立思考的能力几乎是最难提升,也无法简单用一些技巧来弥补的。如果是我,会将"独立思考能力"作为严选与会者的第一条件。有些新项目,第一次开会的时候无法确定与会者是否合适,我会尽可能多地叫人来参会。会后通过复盘来确定各自价值,下次召集会议,再进行严格筛选。

与会者在"精"不在"多"

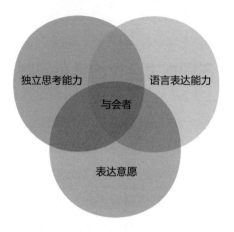

图 2-2　与会者在"精"不在"多"

> 💡 **思考题：**
>
> 　　请对你最常接触的同人，按照其思考能力、表达能力、表达意愿 3 个维度进行打分，最低为 0 分，最高为 10 分。

不同规模会议的常见问题

首先我说明的是,到底要叫几个人来参会,其实并没有学术上的定论,更多依赖于组织者的经验和判断。就拿创业公司来说,总共就那么几个人,每个人都是多面手,免不了一开会的时候就得全员到齐。

所以,咱们只根据实际经验,粗浅地给大家描述一下人数多或少可能面临的问题,权作抛砖引玉,希望诸位读者可以根据自己的情况对会议规模有一个大致的预设。

1. 一对一沟通

有部分企业建议内部要多用一对一沟通的方式,这当然也是会议的一种,好处是更为私密、真实和深入,坏处则是信息来源渠道狭窄。因为局限在两个人之间,信息碰撞少,可能就会导致看问题的角度不多元,得出的结论就是不全面的。

在上市公司主席的群体里,"要不要跟手下的高管定期一对一沟通",也是存在较大争议的。有一部分老板将其作为成功秘诀,比如在每天中午和不同的下属单独吃饭,边吃边聊。也有一部分老板对这种形式嗤之以鼻，他们的理由是形式主义的会谈无法带来真实的收获。

一方面，我认为目前职场缺乏面谈和平等沟通的环境，对大部分员工来说，即便已经位高权重做到二把手了，在和老板一对一沟通的时候，仍然免不了潜意识里告诉自己："他是老板，我是下属。"受限于职位影响，多数人在表达上无法做到心无旁骛、畅所欲言。

另一方面，一对一会议时尤其考验上级的沟通能力。很多老板把沟通等同于灌输，这样的会议效果一定是很差的。"你想要我知道"和"我想要知道"是完全不一样的出发点，听众的心理状态不同，结果也截然不同。

我身边一位制造办公桌椅的上市公司的老板就是一个强灌输型领导，他自述他在企业内部几乎没有和下属平等对话的时候。早期企业需要快速推进和扩张的时候，他大量使用一对一面谈的方式来灌输信息。这样速度更快、效率更高（毕竟需要和他对话的人也不多），但灌输的效果很快就会消失。

这就好比一个鸡蛋，如果你用握拳的方式给它全方位施压，其实是很难从外部打破它的。但是，当幼崽逐渐发育成熟破壳而出时，反倒非常轻松。放到管理中也是一样，由内而发的领悟是人们最容易接受的改变方式，也是效果最为持久和深远，甚至能不断进化的。这是能量积聚足够以后的破土而出，是生命力，也是内驱力。

所以，一对一沟通中，上级能否抛出好问题、能否引导下级思考乃至"开悟"，是一对一沟通成功与否的关键。换句话说，如果你不会抛问题,仅仅喜欢说服和灌输,那还是放弃一对一面谈的形式吧!至少相对于一对多的说服和灌输来说,一对一的效率更低。

一对一沟通的前提是两人中的上级管理者是一个赋能者。感兴趣的读者可以去看看美剧《医院革命》,里面的主人公马科斯·戈德温就是一个典型的赋能者。

我更建议大家减少以输出为目的拉人面谈,尤其不要主动去教导和指点下属。你可以公开自己的时间表,等他们来约你私下沟通,之后再通过提问的方式引导他们找到问题症结,让他们主动寻求你的建议。

如果你当场发现他们其实并不需要你的智慧,他们邀请你到会只是为了征得你的同意或者"拉你站队",你可以马上就走,下一次他们就不会邀请你参加类似会议,你的时间将被愈加尊重,你的团队效率会更高。

2. 与会者人数过少

前面我们说过,与会者的挑选,要从严从精,但这并不意味着人少就是完美的。如果一个会议只有三四个人一起讨论,会出现什么情况?最常见的就是信息碰撞过少,开会之前是什么方案,会开完了还是一样的方案。尤其是当参会人员里面有职级差,或者当中有一个特别强势的人的时候,其他与会者往往就听他的方案,表示附议。

我曾应邀去帮助一家新赛道的明星企业开高管会。这家公司的老板是一个表达欲非常强烈,并且个人风格非常明显的人,他对很多事情有自己的看法，有一套固有的思维模式和判断标准。他的销售总监实际上是他 10 多年的好友，因为新项目的推进受他邀请，跨行加入公司，希望为公司带来革新。这位老板过去开会时每每忍不住发言，尤其是在其他人表达之后马上给评价、下判断。一段时间以后他找到我，说很后悔，因为一共 3 个人开会，逐渐就变成他说什么就是什么，其他两个人明显变得保守、不愿意表达了。

我给出的解决方案就两点，要么以后开会的时候你不要发言或者避免评价别人的方案，要么你要在外部寻找智囊一起参会，增加你的会议人数，让更多陌生观点介入到你们团队来，重新激发大家思维碰撞。

人数过少的第 2 个缺点是容易影响团队氛围。因为不是你说就是我说，炮火容易集中到个别人身上。那么强势的人很容易迅速掌握话语权，而其他人也容易本着"多一事不如少一事"的想法，随大流算了。如果同一个会场内有两个发言者都比较强势，或者都非常坚持自己的观点，而他们的观点是相悖的，一旦在会上直言，则容易变成两人之间的针锋相对。

再者，人数过少的会议，信息的来源相对更为贫乏，不能满足发起人希望听到更多角度的多种建议的目的。尽管这样的会议很容易能达到高效率、快速拿出决策的目的，但达不到群策群力的效果。

3. 与会者人数太多

反过来，如果会议规模过大，十几、二十个人都坐在一会议室里,你会发现效果也往往难尽如人意。

我儿子非常热爱足球运动,但是比起 11 人制的标准比赛,更喜欢 5 人制足球,因为场上人越多,他拿球的时间就越短,打出漂亮进攻的机会就越少。开会也是一样,人数太多则分配到每个人的发言时间就少了。如果一个会议原定用时 1 小时、总共 15 个人参加,满打满算一个人平均只有 4 分钟发言的时间。

正所谓人多嘴杂,如果企业本身氛围不错,大家的思考表达能力都很强,会议的开放性也足够好,他们甚至会自己站队、分成不同的派别,会议节奏就容易被带跑偏,最后一团糟。这样对会议引导者的归纳能力也提出了更高要求。

还有一种常见情况是有些人发现参会人数多,感觉其他人说得也挺好,即便自己有想法,也可能躲在后面不发言、不表达,打打酱油就混过去了。这就像读书的时候每个班里都有一些学生,明明是很聪明、会解题的,但就喜欢缩在教室一角,在老师准备点人答题的时候默念:"不要点我,不要点我。"

开会不是中国人讲吃饭"多一个人多一双筷子",开会需要的是信息交换和裂变。一对一的沟通是信息的交互,但当会议规模适宜的时候,信息并不是粗浅地点对点传播。每个人在聆听和表达的时候,其他人也在获得新的角度,迸发新的观点,所以,人数合适的会议,是可以让信息从一个起点裂变成绚烂的烟花的。

回到开头,企业里的"精英"毕竟是少数,从严选择与会者之余,我们也要考虑到会议对整个团队文化的长期建设作用。你当然也可以挑选一些列席人员参加会议旁听学习,他们可以是传达者、学习者，但一定要是你准备培养的人。未来他们是要作为与会者上会参加讨论的。

会议引导者不应当让没有价值、未来不可能上会贡献智慧的人参加自己引导的会议。有些会议发起者喜欢用类似"没事儿的人都参加一下"的方式叫人来会上观摩学习，这是极其错误的。

请一定要牢记，进入会议室的人必须要有思考能力和一定的培养价值，否则他就只应该作为执行人员完成指令。

如果有些新人有思考能力，但当前阶段表达意愿不强，你也必须要考虑，这个人对组织有多大的意义，他未来能产生多大效能。在可以预计的时间里，这个人将来是可以上会参与思想碰撞的，你就可以邀请他列席旁听。

> 💡 **思考题：**
>
> 你召集会议时的感受是什么？
> 你参加会议的感受又是什么？
> 换位思考一下，在开会这件事情上，你是否变成了自己最讨厌的样子？

 如何高效开会

跨部门开会如何请人？

随着越来越多的企业采用扁平化组织和阿米巴经营模式，越来越多的事业群、项目组存在跨部门召开会议的需求。这种会议通常由项目负责人召集，邀请项目相关人员参会。尤其是在项目建立初期，大家还不是很熟悉的时候，邀请其他部门的人员，甚至是其他高职级人员参会变成了一件比较棘手的事情。

战略发散会，也就是我们常说的务虚会，看上去是最好请人的。毕竟大家都不承担任何责任，只要定好主题，大家痛快痛快嘴，会议结束的时候拿出一定数量的创意就可以了。

但是，这种会议反而对请人上会提出了最高的要求。因为衡量一个战略发散会是否成功的关键因素，恰恰是看这个会议是否有目标、有方向、有节奏地发散了，又是否在最后留存下来了一些可以为企业经营（即务实层面）有意义的内容。

过去很多企业组织务虚会，就是邀请职级比较高、能涉及战略层面的人座谈。因为没有压力，所以受邀者能不能到会，首先取决于他的日程安排里面是否有相应的时间空出，然后则受限于他心目中这个会议的重要程度。

如果刚好有空，议题是他比较感兴趣的，他可能就会到场。如果时间不是很充裕，但是会上会有他比较看重的人在，例如集团总裁，那么这个受邀者也会调剂时间，至少在会上露个脸，待一段时间。

所以组织战略发散会，在邀人的时候，我的经验是一定要说明会议的重要性，尤其是其他参会者的情况。企业家圈子里很多座谈会、商务峰会都有类似环节，就是一群精英坐在台上发散讨论，其实并不会对观众经营企业有特别实际的方法指导，但他们就是会买票进场，认真聆听、做笔记，好几个小时乐此不疲。二者是一样的道理。

另外，还可以提前设置一些奖项预告给所有人，比如"最佳创意奖""最受欢迎发言人奖""金句奖"等，鼓励大家踊跃参会。

战略聚焦会和战术执行会，即务实会，在邀请人来参会的时候，就要实际得多。因为会上拿出的决议日后是一定要推行下去，体现在公司报表上的，就相当于会上的每一个人对会议结果都要承担一定的责任。

如果是项目成立初期，很可能大家都是懵懂的，项目负责人也不知道要如何邀请、请哪些人来参加立项会。我会建议初次会议要善于借助高层的力量，即请求业务线或者高管中的某个比较有威信的领导作为第一次会议的召集人，由他来帮助邀请其他部门的人员上会，将项目负责人郑重其事地推到台前、介绍给大家。

请注意，借助领导的力量组织第一次会议，恰恰是为了以

如何高效开会

后可以不用再借助他的力量组织项目组的每一次跨部门会议。这就好比读书时同学之间总会有摩擦,第一次可以请老师调解或者批评教育,但每个孩子都必须要学会处理和同学之间的矛盾。因为一直找老师打报告的人,是会被同学们看不起的。

召集会议也是一样,不能次次都依赖领导的面子,不能将自己的懒散、不作为变成给领导的高帽,自己躲在舒适区里永远没有突破。

更多时候项目负责人依然要面临自己组织邀请其他同事来参会的情况。你要做到以下几点:

1. 开诚布公的利益绑定

合则两利,彼此有什么好处可以摆在台面上说。前提是要有利益相关,即便双方投入感情,也一定要有利益,否则就是浪费时间的空谈。对方表面上客套,实际就是掣肘,甚至拆台。

这个好处不能只是部门获益,一定要对他本人也有一定好处。否则一个人毫无所图,为你着想一两次是可以的,给个面子的事情而已,以后随便找个理由就能推掉这个对他没好处的负累。

换言之,你们互相之间要有价值交换,他为你赋能,你给他好处(名誉、权力、利益),你们的合作才能长期成立。邀请人之前,一定要把他能获得的收益、他可能要承担的风险(时间投入、脑力投入等)都提前说清楚,让他没有后顾之忧。

我习惯用的方式是事前悬赏。赏格肯定是提前写清楚、张榜在显要位置才能让人踊跃围观、让人有冲动揭榜的。这个项目你预计耗时多少、预估利益如何、能拿出多少来分润,对参与者有什么好处?这些都要提前说清楚,而且赏格要足够吸引人,要让他有选择入伙的欲望。

2. 为每个人精心准备小礼物

小礼物不需要高昂的价格,但也不要太流于形式——一些办公室或者家里能用上的、方便收纳或者有助于帮助大家保持愉悦心情的东西都可以,实在想不出来,安排一顿精致的下午茶也是不错的选择。

为与会者准备小礼物,实际上是一种诚意的表现,也是仪式感的一部分。俗话说"伸手不打笑脸人"。因为工作而烦闷的人,只要进入会场的刹那看到桌子上有一份小点心或者小礼物,就能感受到会议召集者的用心,再加上优秀的会议引导,其他部门的人会从谨慎、对抗的心理状态逐渐转变为开放的心态和积极参与的状态。下一次再邀请他参会就会容易得多。

3. 给参与者正面的事后反馈

对其他部门的人来说,进入一个新的项目组实际上需要放弃部分自己的本职工作,或者是在自己本职工作之外要额外付出更多的时间和精力承担更多职责。

即便他只是建议者,不需要承担决策和执行的责任,至少在开会的时候他是没有办法完成自己原来的既定工作任务的。除了利益绑定、仪式感加持外,你最需要做的事情其实是给他成就感。

很多人邀请我参加会议，我作为给到建议的"私董"，每次开会都要花几个小时的时间来聆听案主的困惑，通过循序渐进的提问来明确他真正的问题是什么，并且恪尽职守站在第三方的角度给到案主我的建议。

每次离开的时候，案主都会发表感言，说回去一定落实大家的宝贵建议，但一段时间以后再碰到这个案主，问他调整的怎么样，答案往往是讪笑。

我发现，大部分会议都缺乏事后反馈这个关键环节。我不知道案主是否采纳了我的建议，回去执行的时候是否发现了新的问题，所以我更不知道我上次推掉其他事情去参加他的会议到底是不是浪费时间。

在企业内部开会时，我特别建议大家一定要多多给予正面的事后反馈。如果有其他部门的人的确给到项目很大帮助，项目负责人完全可以请他来做项目组顾问或者首席专家。这种"与有荣焉"的感觉和正面的名誉肯定，在我看来是对一个热爱思考的人最好的褒奖。

会议的魅力就在于通过组织者的设计、主持人的引导，让企业的"各个细胞、组织、器官"都动起来，让整个机体焕发生机、应对各种各样的挑战。

他为什么要来开会？

在明确如何邀请别人来开会之前，我想请问大家一个问题：那些被邀请过来的人凭什么要来参加你发起的会议？

也许你会回答，我可以找领导帮忙啊！让领导来规定一下，以后就这么请人不就行了？那每次开会你都能请到领导来帮你出面吗？有些会议是临时性的，或许根本来不及找领导，你又如何保证被邀请人愿意来参会？

在任何一家公司，协调不同部门的人开会都不是一件容易的事。华为的一位老师告诉我，他们内部惯用的方式有3种：

1. 能自己召集的会议都自己召集。
2. 不能自己召集的就请领导代为召集，但是之后尽量流程化，流程形成后可以直接去ST（业务管理团队，主要是各部门主管，讨论业务问题）或者委员会汇报。
3. 如果形成经常性的会议，就设立一个仲裁机构专门处理相关事宜；需要长期协同的，成立项目组。

尤其是前两种，大家约起来开会就是为了处理问题、解决、互相帮助。会上大多数人都会知无不言言无不尽，但也不排除有不合作甚至拆台的。

他告诉我个中关键是：邀请人对被邀请人一定要抱着"求人"的心态，把自己放低一点儿。

想要自己召集会议，自己先得有三分薄面，平时经常舍出去一些人情，这样需要别人帮忙的时候往往不容易被拒绝。请领导召集，则要看领导对这件事情的重视程度了，他越重视，越能实现"应到尽到"。

但是，人情债总有一天会还完，一直请领导帮忙的话，你身为会议引导者的意义何在？你的能力是否会受到领导怀疑？所以，不论哪一种方式，刚开始时偶尔使用是可以的，最终还是要形成流程化的惯例。

第1种容易请到人的会议，是那些可以让人实现价值、有获得感、有成就感的会议。与会者要有自己的价值体现，而不是因为被强迫，或者被单纯地叫来当个工具人。如果仅仅因为召集人觉得"他有必要在场"，然后请领导协调对方的时间，他即便上会也是得不偿失的。

比如总时长1小时的会议，这个人实际上起到的作用只有10分钟，他会觉得自己白白浪费了50分钟的时间，以后他就不会再来参加你的会议。别忘了，马斯洛需求理论中，人类最顶层的需求是自我价值的实现和超越。

那些能够让我实现价值的会议，不论是名誉、权力还是金钱回报，其实都是我参会的加分项。在企业内部，参会者迫切地想要加入一场会议，也往往是因为"有好处"。

请不要觉得这种野心是一件坏事情。我画过一张图来阐述为什么人到中年的员工特别难激活。

他们往往已经步入中年，生活的压力、家庭的重任成了拖累他们前进的负担，而他们通常已经拥有较为稳定的工作，精力和体力水平的下降又让他们往前冲的力道不足。如果没有野心，他们就会像粗糙泥泞的小路上自重特别大的小车，你根本没法去激励他。

相反，那些能够被一些好处打动的人，相当于把自己的需求明明白白地展露出来，只要你能满足，他就可以一往无前，这难道不是管理上的一件幸事吗？

第 2 种大家都愿意参加的会议，往往是那些与会者被高度尊重和呵护的会议。

我参加过许多会议，当会议组织方对来客无微不至的照顾、提供各方面周到的礼遇时，会议质量往往更高。比如乔诺咨询给客户、老师、教练等人的接待规格都是非常高的，出行约定俗成提供商务座、头等舱，并不会因为别的一些状况而降低标准。

企业内部或许不用涉及出行层面，但该有的仪式感还是要有。如果行政部门开会请了销售人员，参会的时候不安排路引和接待，进入会场没有任何人知道，甚至快要散会的时候坐在同一个会议室里的人都不知道这个人存在，行政觉得他参会是理所应当，但当事人的感觉一定不会好。

细节上一定要给参会人合理的尊重,一张邀请函、一路的引导陪伴、开场的隆重介绍……这些都能让受邀人感觉舒适。他在会上能更加投入,会愿意下次还来参会,形成惯例也就顺理成章了。

总结一下,厚着脸皮请人来参会其实并没有什么难度,难的是如何让别人下一次仍然愿意来开会,最好还不用你去求人。咱们不如先问问自己:"他为什么要来开会?"

只有解决了这个问题,你才会知道如何邀请别人来参会。与人为善、碍于情面、迫于压力,最终都不如"他想来"。

我在实践中发现,下述方法可以明显提升参会人员的到会情况:

1. 提前确定开会的时间,不要临时突然召开会议。

   一旦临时抱佛脚式的召开会议,就容易出现与会者时间经常对不上,而且因为自知理亏,你拿对方一点儿办法也没有。所以,我们要提前做好安排,如"下一周我们肯定要开个中期的对齐会,请大家安排好时间"。

2. 设立惩罚机制,提前表决获得共同认可。

   业务会议关乎集体的荣誉感,项目初设就可以专门强调这一点,并共创一个惩罚机制,共同表决、共同遵守。规则需要大家来尊重和执行,否则团队的凝聚力会受影响。

额外要说明的是,会议组织中最理想的状态是组织者根本不用叫人来开会，但大家都抢着报名来开会，而你只需要在报名的人当中审核、挑选，看看谁更有资格来开这个会，谁参会带来的整体贡献度会更高。

也就是说，你不用烦恼"叫谁来开会"，而是有足够多的人来让你挑选。

我自己的公司里每个月都会举办一线窗口岗位的决策会议，通常情况下只准基层员工和中层管理者参加和发言，因为他们对一线情况最为了解，高管只负责最后的赋能环节。

所有的决策由他们自己共创议定，在商议的时间范围内，任何人不可以更改决策，但可以在之后的复盘会议上提案，大家再来复盘和共创修改决策。为了让更多人愿意参与共创并活化思维，我们做了几点工作：

1. 提前给出足够的赏格吸引报名，包括名（最佳建议）、权（项目负责人）、利（可观的物质奖励）。

2. 严格执行自愿制，禁止高管站队、公开表态来影响会议进程。

3. 欢迎员工参与旁观、投票，但不允许评价别人的方案。

你会发现，有员工为了获得赏格，自发开会研讨提案并准备论据。有些员工一战告负，会想方设法搜集数据，在下次会议上提出改进的方案。有一位韧性特别好的员工保持了最高的同一提案上会纪录，在接近半年的时间里，他就死磕一个关键数据，一直保持活跃的思考，不断据理力争，最后得到了大家的认可并在实践中有了不错的反馈。

所以，让员工主动来开会、愿意来开会、享受开会的过程，

是我们要学习和挑战的。

> 💡 **思考题：**
>
> 你知道你的员工想参加的会议是怎样的吗？
> 你过去是如何让他们参加会议的？

他为什么不想参会？

第一部分进行到这里，我们还需要了解一下，有哪些会议是大家普遍不愿意参加的。我们知道上限和下限，在当中的区域内才好自己把控，才能做好会议开始前的各种准备工作。

有一次我在自己公司培训，问了大家一个问题："有哪些会议你是特别不愿意来参加的？"这些答案诸位可以看看，是否你也有同样的感受。

1. 事不关己

第一种会议，是企业里非常常见的，大老板来画饼，召开一个全体员工大会。大老板和高管们挨个发言，各种给大家加油鼓劲儿，描绘出一个非常亮眼的蓝图，还有颁奖授勋的环节，领奖的人提前准备好着装，按照要求上台举着泡沫板制成的巨型支票，再发表一下获奖感言。

说真的，如果是领奖的这个人，有上台露脸发言的机会，他本人多少是愿意参会的。台下坐着的那些人可就不一定了。对台下的人来说，不论领导说得天花乱坠，不论领奖的时候照片拍得多好，其实都跟他们没有任何关系："你领奖的钱又进不了我的口袋！"

事不关己的参会者，实际上是整个会议的背景板，搁谁都是不乐意花时间来做别人的绿叶的。

2. 言之无物

有时候开会就是"外行指导内行"，来了一个不知道哪儿的人，讲了一大通，仔细听听你就会发现，要么是陈旧的内容，要么是虚无缥缈的东西，就算有方案也不是当下马上能做的。

有时候则是台下坐着的同人走神了，并没有想好自己的发言内容，甚至连自己的观点都没有，要么拾人牙慧，要么迷迷糊糊绕一大圈子，只为了显示自己好像有在听。

这种言之无物的会议也是大家比较反感的。

3. 没有发言机会

有些人虽然被邀请参会，但流程里面早就写明自己并没有任何发言的机会，他们也会很快失去参会的兴趣。

比如我自己是很享受思维碰撞的过程的，只要流程合适、引导得当，我甚至非常愿意在会议现场和人发生激烈的争执，把道理辨明比一团和气更令人愉悦。

反过来，如果这个会议邀请了很多不同行业的专业人士，但我只能听，却不能和他们碰撞交流的话，我也会兴趣全无。

4. 没有规则或者规则不被尊重

企业里开会特别常见的一种情况就是超时，或者说，各种会议规则形同虚设。比如说好了两小时的会议，领导要是觉得没聊透，一声令下所有人就得陪着继续聊。

再如，会议流程是混乱的，领导 A 发言超了 15 分钟，后面的流程就得压缩，跟着一系列环节全乱套了，或者肆意把后续流程前置，甚至开到一半的时候休会查资料等等，这些常见现象都会让与会者认为不被尊重。

5. 不了了之

还有一些会议是没有执行跟进复盘环节的，更没有事后的正向反馈。对与会者来说，会上尽心尽力，其实就为了事情能推进下去，顺带能得到一个不错的反馈。

常见的现象却是散会以后，大家各自是路人，会上讨论的内容不了了之。他会觉得："哪怕我给的建议你并没有用，好歹也和我说一下，你不采纳的原因是什么吧！"

6. 没有好处

有时候开会是为他人作嫁衣裳，与会者没有升职加薪上的回报就算了，居然连一句好话都没有，功劳都让人家占去了，自己不享受任何红利。

这种情况也很常见，一两次也就算了，但老这么开会，一定会有人下次坚决不参加这个抠门的人组织的会议了。

7. 没有信任、各怀鬼胎

还有一种会议虽然不是特别常见，却也是存在的。比如我一个企业家朋友开会之前一般都要纠结一晚上，因为他知道企业内部有派系斗争，他就害怕第二天上会的时候两方争论起来，或者不够理智，没办法站在对公司好的角度来提建议。

有的会议，与会者的动机是不同的，甚至相互之间有利益冲突的；还有那种争权夺利、各怀鬼胎的，互相也都不愿意和对方坐在一起开会。

你看，不想开会的理由千千万万，归根结底还是两个字"不爽"。所以，我们在组织会议之前，一定要知道与会者的禁区是什么，尽量让他们有露脸机会、有发言的机会、有回报、有正向回馈。

最理想的会议是不占用他们的休息时间带薪开会，轻松贡献智慧还能有成长、有激发，甚至还有放松休闲、身心愉悦的机会。

所以，想要让人家来参会，我们就得把准备工作做足，给到他们足够的理由，把会议变成他们的乐趣，而不是麻烦。

> **思考题：**
>
> 你最讨厌的会议是那种？你更喜欢通过会议获得什么？

第三部分

会议准备工作

如何高效开会

制作会议手册

　　许多世界500强公司的高管都认为企业内部需要培养会议引导人才,有些企业已经开始用内部培训的方式来储备相应人员。

　　内训是一种将企业过去经验累积、复盘、筛选之后,总结成行为准则,再来传授的方式。如果企业过去的会议大部分是低效的,或者说,对于会议重要性的认知是不同频的,内训或许能总结一套方法论。但是,内核的主旨思想和关键原则是缺乏理论指导和实例支撑的,也就是说,用内训的方式来培养会议引导者,并不是用专业的人在做专业的事情。

　　会议引导技术是需要专业机构、专业辅导的。中国企业中,优秀的会议引导者凤毛麟角、极度稀缺。企业要么挑选人才送去机构学习,要么请专门的咨询、培训师进企业来教授,但往往也没有较强的可持续性。

　　我采访过数十位不同规模、不同行业的成功企业家,发现"会议引导技术"不存在于任何一家企业现有的内、外培训课程体系中。我又进一步翻阅市面上几乎所有的企业培训机构的服务内容，系统地培训"如何开会""如何引导会议高效决策"等课题几乎是一个空白领域。这也坚定了我深入研究和讲授这一课程的信心。

一个成功的会议一定离不开精心设计的流程、完善的准备工作和专业的引导过程。可是，知道这些就足够了吗？到底是什么阻碍了企业快速提升效率？

我觉得是"积累"两个字。

作家马尔科姆·格拉德威尔在《异类》一书中提到了"一万小时定律"，即"人们眼中的天才之所以卓越非凡，并非天资超人一等，而是付出了持续不断的努力。一万小时的锤炼是任何人从平凡变成世界级大师的必要条件。"

如果想要成为会议引导专家，即便不是实打实要亲自引导1万小时的会议，我们也需要大量的时间积累，才能理解和吸收相关知识，通过不间断的实践尝试才能熟练掌握相应技能，对各种类型、各种场景的会议引导都能得心应手。

我相信不少企业的会议，有不少是能分别在流程设计、准备工作和引导过程上有高光时刻的，也一定有那么一个会议是与会者意犹未尽、觉得收获感巨大，甚至主动要求再开的。可下一次开会的效果往往不如第一次，甚至越往后越不尽如人意。

为什么？

因为没有会议手册等资料留存。

在我开始做专业的会议引导工作时，有幸听了一节关于《华为基本法》的内部课程，给了我很多启发。对企业来说，最宝贵的资产或许不是几个项目的成功，而是这些成功经验能够被如实记录、分析并积累下来，形成一套工作手册。

如此，哪怕进来一个实习生，对照着这样一本手册，也能把事情安排得八九不离十。华为斥资 40 亿学费向 IBM 学习管理经验，并一以贯之执行"先僵化再优化"的方式，避免了走弯路交学费，极大提升了组织效率。

《华为基本法》从 1995 年萌芽，到 1996 年正式被定位为"管理大纲"，到 1998 年 3 月审议通过，历经数年。一套成文的执行规范和操作指南，并非一朝一夕之功。几十年过去，华为依旧在不断改进和丰富《华为基本法》的内容，由此衍生出来的书籍、课程甚至讲师团，正在持续为更多中国企业赋能。

由此可见，知其然不如知其所以然，万事万物循例讲理，站在过去的成功经验上，一定能诞生更多伟大的人和事业。

开会也是一样，纵然每家公司有各自的独到之处，也依然可以借助本书接下来的推荐，予以调整，再通过实践结合自己企业的实际情况完善，成为自己企业的会议手册。

是的，如果你真的花 1 万个小时来做一件事情，比如打网球、高尔夫，甚至斗地主，你会熟能生巧，但你一定能成为专家吗？

不见得。成为专家的前提是，每打一小时或者一次比赛，你都能把之前的收获复盘。就像国家乒乓球队教练一样，通过反复观看视频，去研究动作细节——为什么这个球这样抛？为什么对方这个球我接不住？

只有不断地复盘，你才能知道下一次要改进什么。以复盘为前提的"时间积累"，才能成就一个领域的专业人士。

同理，如果你真的想提升会议引导能力，就一定要把你的每一次会议从组织到引导到复盘的过程都记录下来，整理成册。你需要不断翻看，提醒自己不能犯曾经的错误。对于那些半路出家进入会议引导领域的人来说，翻看别人的会议手册，就相当于用别人的教训来帮助自己提升。

你可以试着在你的公司或者部门里开一个小会，结束以后挨个问问与会者："刚刚的会议引导过程，你觉得哪里有问题？如果是你来做，你会如何处理？你有没有享受参会的过程？为什么？"

这个询问的过程，请务必认真对待，不要草率了事。不要说"我只是随口一问"，你要让对方感受到你的认真，让他知道你是真的希望你的会议引导技术越来越好。

更重要的是，不论对方如何回答、如何质疑，你都不要去说服对方，不要解释。你要做的就是聆听、记录，然后反思、总结，找到更好的处理方式，再更新到会议手册中。

世界五大法律体系中，常见的是大陆法系和英美法系两大法律体系。前者以罗马法为基础，在法律渊源上采用成文法即制定法。我国便采用这一法系。举个例子，有个案子发生了，法院如何判，是必须要根据已经生效的法律法规来定的，强调系统化、条理化、法典化和逻辑性，几乎不存在法官自由发挥的可能。

后者又称普通法系，是基于以往判决的判例上逐步形成的一种在全国普遍通用的法律。比如说这个案子发生了，法官可以去翻翻看早前有没有类似的案子，当时的法官是怎么判的，可以遵循先例。所谓的判例，也是一代又一代人的经验积累。当判例出现不适宜当下社会环境的情况时，再进行补充修正即可。

《华为基本法》就类似英美法系的判例集锦。其实每个公司都需要有这样的成文的会议手册，将你公司关于开会的大小事宜，巨细无遗整理记录，形成自己的"典籍"。通过长时间的积累和更新，让会议真正成为企业文化的载体。

尤其是在现在高速发展的科学技术背景下，讯飞听见、腾讯会议、企业微信知识库……我们可以借助各种工具的力量来帮助企业留存智慧的种子，通过一代又一代人的耕耘，将其变成整个企业的瑰宝。

而在制作会议手册的过程中，我也要提醒大家注意，一定要设置好一定的命名规则，比如标题和关键词，甚至时间标记，便于日后归类和检索。类似工具目前都有云端功能，如果你的企业规模不足以拥有自己的服务器，也可以将会议手册保存在云端，可以随时随地搜索和修改，并设置好查阅和编辑权限，便于大家协同改进、长期积累。

总而言之，一切的智慧，都是由体验开始，通过复盘形成经验，再把经验通过文字凝练成规则，然后长期留存并产生效用的。

会议成本计算

英国管理学家、作家西里尔·诺斯古德·帕金森于 1957 年提出了"琐碎定律",即投入在某项会议议程上的时间,与其涉及的金额成反比。此定律说明大型组织会花费大量时间在讨论无关紧要的琐事上,但真正重大的决议反而可以轻松过关的现象。

人们总是对一些简单琐碎的小事有相当程度的认识,因此意见就会特别多;而那些重大的议题,大家往往缺乏全面的理解,开会时不想贸然发言,所以反而很容易投票通过。这就导致了组织在各事项上讨论所花费的时间,通常与事项本身的重要程度成反比。

这个定律说明了鸡毛蒜皮的事情就是容易获得大家更多的关注,而那些真正重要的事情,反而隐匿在暗处,人们看不见,或者看见了又下意识地忽略。

在会议准备工作中,我最常见到的这种本末倒置的现象,就是关于会议成本的预估上。

我参加过许多个跨省召开的会议,发现会议组织者在显性成本上的敏感度是极高的。他们会罗列会议所需要涉及的所有事项,并直观地用"金钱"作为最重要的指标来做取舍。

比如:

1. 场地成本:会议室需要租多大?租金多少?能安排多少座位?加座是否有费用?
2. 交通成本:要给多少人安排通勤接送?分别需要什么规格的服务?舱位和交通工具的型号有什么偏好?
3. 住宿成本:住在什么酒店?不同房型各需要几间?有没有其他要求?
4. 餐饮成本:不同规格的餐饮标准分别需要多少?下午茶、点心、酒水等需要备多少?
5. 礼品成本:出席的每个人是否有伴手礼?有无赞助商?贵客有无定制礼品?

……

上面几项成本当中,大家最敏感的往往是交通和住宿构成的差旅成本。比如一个会议要从全国各个分公司叫人到上海总部来,势必就要去计算来一个人要增加多少额外的成本,最后一定是精打细算的。

如果只是公司内部开个会,最多楼上楼下喊人来会议室,很多人就会说:"反正没事儿的人都过来开个会吧!"

这是一个错误的思维定式,当中最大的问题,就是绝大多数企业并没有把时间成本计算进会议成本中。

《乔布斯传》里提到，乔布斯每年都要带着最有价值的员工进行一次"百杰外出集思会议"。这个"百杰会"甄选的标准也很有意思：假如你只能带上 100 个最优秀的员工上求生船去创办下一家公司，你会带上谁？

你看，这就是我要说的，开会最大的成本并不是明面上的这些费用，而是与会者的时间。每个人在单位时间里能创造的价值不同，所以会议的成本并不是过去我们理解中的"每人一小时"，而是要换成更直观的展现方式，计入会议的成本预算中，帮助我们取舍会议的形态，挑选与会者。

这是最重要的事情，却也像琐碎原则所说的那样，是最容易被忽略的事情。我认为每一个会议的组织者、召集者都要习惯于把会议的时间成本折算为费用，跟差旅费用看成是一样的，甚至占比要更大。

开会就是做一个商业决策，其商业行为必然跟利润有关系。公司里最在意成本利润的人是企业主本人，哪怕是行政人员和财务人员，对于成本利润的敏感度较之老板而言也远远不够。

我的一个朋友在跨国公司任职，公司准备在 2023 年砍掉一部分预算，他却丝毫没有争取一下的意愿。他的理由非常简单："反正也不是我自己的钱。"所以你看，对于大多数人来说，工作并不是事业，公司也永远不可能成为自己的家。

员工对金钱成本都时常是不在意的，更遑论时间成本。所以我建议大家一定要在整个公司里建立一个基本的意识：开会的成本要有一套可视化的计算方法，根据每个公司实际情况的不同，可以有不同，但至少每个中高层管理者、每个项目负责人，都要知道，开会的成本需要计算。

在这里，我将放弃前文所列的 5 种大家司空见惯的列项，着重讲解一下容易被忽视的关键问题。

1. 时间价值的计算

最浅层次的计算方法，是将与会者的薪水收入折算成他每小时的费用，逐一叠加。比如，A 月薪 4500 元，每月工作 22 天，约合 1 小时 200 元左右，那么邀请 A 参会，就意味着成本开支为 200 元。假设一次时长 1 小时的会议，需要 5 个和 A 差不多的人来开会，则会议成本至少需要 1000 元。

高阶一点儿的计算方法，不是以薪水来折算，而是分析这个人单位时间里能创造的价值。比如一个月薪 1 万元的销售冠军，实际每个月能为公司创造 5 万元的利润，那么邀请他参加 1 小时会议的成本，可能就需要 2 000 元甚至更高。

2. 人员价值的计算

开会需要的是智慧的碰撞，有的"懒蚂蚁"平时没多少声响，关键会议上的一个点子，可能就能为公司带来很大的价值。所以我一直强调，上会的人一定要具备一些基本能力，尤其是思维能力、表达能力和表达意愿。既然参加会议对所有人来说消耗的都是同样的时间，那么单位时间里，他对会议的贡献越大，这个会议的价值就越高。

这 3 个维度至少需要同时具备 2 项，我们才能邀请他上会去创造价值。我们可以针对这 3 个维度赋予一定的计算方法，比如，满分 10 分，A 的思维能力 6 分，表达能力 8 分，表达意愿 8 分，其平均分＞6，因此 A 可以作为上会人选之一。然后，我们来看具体的会议要求：如果今天是一个战略决策会，可能对思考能力的要求更高，那么就可以把 A 往后排一排。

也就是说，在组织会议之前，我们就要建立一套自己的逻辑去评价开会的成本，我们对这个会议的期望值是什么，与会者创造的价值能否在未来可期的时间里覆盖掉本次会议的成本。

回到开头提到的"琐碎定律"，真正重要的会前准备工作，不是去算几个人要住几个房间、差旅费需要花掉多少。对一家健康运转的公司来说，如果来参会的每一个人都能创造相应的价值，会议的核心议题能够得到妥善解决，那么整个团队就可以持续产生效益，这些明面上的"小钱"反而无足轻重。只要在合理范围内，让与会者保持良好的状态上会碰撞思想，这才是一件利大于弊的事情。

恰恰是看不见的成本让无用的会议成了公司效率的"窃贼"。如果不能用项目管理的思维去管理公司的每一个会议，就等于你在放任公司的资产无端流失。

 如何高效开会

找到会议靶点

开会之前,大家一定要养成一个习惯,就是为会议建立一个靶点。

中国台湾作家、评论家李敖一生骂人无数,尤其是余光中,都八十多岁了,李敖还在不依不饶攻击他,但余光中从不回应。余光中说:"我不回答,表示我的人生可以没有他;他不停止,表示他的人生不能没有我。"

所以,会议的靶点是什么?

医学上进行某些放射治疗的时候,放射线会从不同方位照射、集中在一个点上,这个点就是靶点,也是病变部位。也就是说,这个地方虽然有问题亟待解决,但它也是实现战略目标的关键作用点。

会议的靶点,就是短期的战略目标,或者再具体一点儿、再接地气一点儿,我觉得是一年以内公司或者部门要实现的目标。它由会议中的职位最高者确定,可能是目前的痛点,但一定是短期内你可以处理好并且能带来极大成效的点。

会议靶点必须符合3个条件:

1. 由职位最高者确定
2. 是一年内战略目标
3. 不能偏离会议主题

很多人在做事的时候经常会盯着一个点，从一开始的好奇、关注，到投入大量的时间和精力，直到这个点变成旋涡，把人的所有能量都吸进去，以至于他忘记了一开始这个点本来就不是什么重要的事情，它只是一个点而已。

有一次，我和新潮传媒的张继学先生开会时，适逢某知名咨询师遭遇口诛笔伐的风波。张总却对她不吝赞美，说这位老师给了他很大的帮助："有阵子我的眼里只有竞争对手，不论是内部开会还是外部咨询，逢人就说。"这位老师倒点醒了张总，她说："你下次再提那家公司，就不要找我了。你的靶点不是它。"

张继学醍醐灌顶，他一下子领悟到，新潮传媒的眼光是要着眼全球的，而不是天天盯着竞争对手，跟着别人的节奏走。

所谓的"靶点"，就是用上帝视角，用不受限的眼光观察我们真正应该关注的事物全貌，而找到的自己应当坚持的核心发力点。这个靶点必须贯彻在会议理念中，最好在视觉上的直观展示，比如在屏幕上画一个靶子的图案，十环的地方写上今天会议的靶点。

这是为了让每个人都熟知，我们为了达成什么样的效果而开会，当会议偏离这个靶点的时候，是要赶快拉回来的。

我举个简单例子，假设某餐饮公司正在开战略决策会。

主题：我们要不要提供配送服务？

靶点：我们要在一年内拿下某地区中央厨房预制菜市场。

如果配送服务是面对小部分C端用户的，偏离了"中央厨房"这个B端市场战略，那么这个会议主题就是不恰当的。

在讨论主题的时候大家关注的是"Yes or No"，而当讨论进行到白热化程度的时候，很可能会出现忽略目标客户需求，甚至忽略自身核心竞争力的情况。这时就需要主持人把靶点拉出来、放大，避免无效讨论。

我有一次去某个公司旁观他们的会议，进程到一半的时候我特别想打断。因为这家公司的实际客户是B端经销商，他们当天开会讨论的是整个销售体系的目标，包括定价策略、优惠活动等等。

结果开着开着，就有人对某个政策提出异议："要是这么定的话，C端用户买了会怎样？"要不是身经百战，我相信很多管理者，甚至这家企业的老板当时也被绕进去了——因为最终买单的当然是C端客户，会上讨论他们的观感有什么问题吗？

会后我和公司老板说，当然有问题——因为你忽略了靶点，你要关注的是"今天的会议主要得解决经销商的什么问题"；因为你公司的营收来源是经销商，而不是C端用户。当你关注后者感受的时候，是不是就容易损害前者的利益，一旦经销商感觉被你抛弃了，你的商业模式、营收组成能否支撑这种震荡？

这就像余光中一样，他的靶点从来不在李敖身上，所以他八风吹不动，端坐紫金莲。每个企业、每个项目、每个会议亦是如此,一定要有自己的靶点,它是信条,是指引,也是会议高效进行的前提,它是要放在准备工作的最前端的。

靶点和目标客户是不同的。营销大师杜国楹的目标客户是经销商,而且他们中的很多人从背背佳开始,跟随杜国楹的脚步盈利。杜国楹也深知这点,他很多时候是为了经销商开会。

靶点和长期战略也有差异。一个被普罗大众所不喜的创业者,趣分期的创始人罗敏,他的长期战略也很清楚,就是"我"一定要创造一个上市公司。所以,他的所有决策都是从"我"的角度出发,就是要"做用户",要盈利,而且赚的是快钱。不管是过去的大学生,还是后来的宝妈群体,都不是他的目标客户。他不断地在证明自己,并且只要能达成这个目的,能维护自己的光环,什么行业都愿意去做。

靶点最终会作用在目标客户上,靶点又是长期战略当中的一个碎片。靶点所涉及的时间长度要高于短期目标的时间长度,如果你的公司规模足够大,可能对会议靶点和其他概念的区别会有更深刻的认知。

靶点并没有好坏,但是每个公司都必须要有一个靶点。这个靶点就是一年内你的公司、你的部门最重要的战略目标。如果一个公司的会议没有靶点,会议很容易就偏离主题。即使实现了本次会议的短期目标,未来也会发现这个目标偏离了公司当年的发力点,甚至和公司战略背道而驰。

人们在会议中讨论的往往是具体的事情,我们先不去考虑能不能达成目标,大部分与会者都是从自己当下出发,先站在这里,低头看看脚下的事务,然后慢慢抬头看看风景,再眺望远方。

《高效能人士的七个习惯》里,"以终为始"是很重要的一条,它也同样可以成为会议高效进行的必要原则,尤其是务虚发散会,往往会抛出一个特别大的愿景,比如"五年后我们怎么上市",让与会者无所适从。这个时候我们可以将这个宏大的愿景作为指南针,写在会议室的白板上,然后分解成为可以放在会上具体讨论的事项,这个过程就是"战略解码"。

我们更要做的是把这一年期的战略目标放大,放在白板上最显眼的位置展示,牢记靶点高于议题,一切讨论都不能偏离一年内的战略目标。

功夫巨星李小龙说:"目标并不总是用来达成的,它往往是用来追求的。"大部分人都是因为看见所以相信,但优秀的管理者必须是因为相信所以看见。先确定公司的愿景,然后是不同时期的战略目标,再进行目标分解倒推,以终为始,是会议高效的必要原则。为了目标创造条件,而不是根据现有条件去设定目标,这才是会议的价值,也是团队成就感的来源。

关于靶点

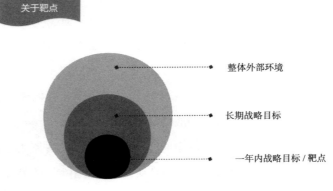

图 3-1　关于靶点

设置会议时长

一个会议究竟应该开多长时间,其实大家一直以来更多依赖于主观推测和既往经验的沿袭,并没有特别程序化的规定。

研究表明,大脑在正常情况下可以集中注意力的时间大约在 15—45 分钟;不同年龄段的人注意力能够集中的时间也是不一样的,幼儿通常为 15 分钟,小学生在 40 分钟,成年人也不过 50 分钟左右。所以,不论如何设计会议,我们都应当遵循这个客观规律,尽量将会议时间安排在 1 小时内。如果内容较多,则可以通过茶歇来调整与会者大脑的活跃与放松状态。

不同的会议当然需要不同的时间,如果会议准备阶段我们不能预估好时间占用的情况,就意味着我们无法精确地告诉与会者,他要如何安排自己的时间和工作,也就等于会议组织过程会非常艰难,而会议进行过程中,也会遭遇更多突发状况。

我们仍然要强调,能不开的会,一定不要开。必须要开的会议中,战略发散会(务虚会)的情况更为特殊——因为整个会议不涉及执行层面的内容,会议的结果在复盘时,更多体现在会上讨论、思辨共创的状态和会议最后拿出来的创意数量。

可见，战略发散会占用的时间通常更长，要尽可能保证会议讨论的效果，让大家的思维可以充分发散，激发心流。有些公司会选择用一两天的时间，将大家邀请到远离办公场所的地方，比如度假中心或一个陌生的场地，让与会者密集地进行交流碰撞。

如果不需要那么长的时间，务虚会也要安排足够多的冗余时间，因为战略发散会要保证效果，所以难免出现临时有一个比较好的议题，大家都想深入讨论的情况。冗余时间能够让你在安排会议的时候更加游刃有余。

战略发散会在一个企业的所有会议当中，占比应该是最少的，半年甚至一年开一次即可。它的作用是活化思维、抛出创意，并不需要解决实际的问题，更不需要与会者为此承担任何责任，你可以将它看作团队半年或者一年一次的创意秀，在充足的时间内，用这样的方式激活团队。

但是，需要拿出具体决策的务实会，比如战略聚焦会和战术执行会，则一定要以时间为第一原则，在固定时间里讨论议题。就像高考一样，一定不要给到与会者弹性的空间，尤其是在公司内部没有建立时间文化的时候，千万要保证会议时间的控制。就像高考一样，规定时间里做了多少分的卷子，就是多少分。如果成绩不理想，没关系，下次再做一次卷子，想办法逐渐提升效率。

如果是战术执行会，我建议用半小时左右的时间来规划，尽量高效率地达成共识。如果根本不需要讨论，则宁愿不开会，将需要讨论的内容提前沟通、准备议题，会上抓紧时间解决问题。

至于战略聚焦会，通常可以准备2—4小时的时间，尽量在一个自然日的半天内完成。不过这也并不绝对，如果是周期较短、需要即时反馈的企业，战略决策会的时间则更短，而越大的公司需要考量长期规划的时候，所要耗费的会议时间甚至需要十几天。

每年春天的全国人民代表大会和中国人民政治协商会议，通常需要近10天的时间，由数千名各行各业、各民族的代表们集中前往北京开会。即便如此，每年依然有相当多的议题暂时没有办法得出结论。可见越是重大的战略决策，需要会议商讨的时间越长。

回到企业当中也是一样，越是重大的战略会议，耗费的时间可能越长。就我所知道的，我国某知名上市机电公司召开5年战略会议的时候，整整用时17天。

所以，我们在准备战略聚焦会议方案的时候，可以根据会议议题和与会人数计算会议用时的同时，预留一定的弹性时间。比如，与会人数只有5人时，意味着一个决策只需要5个人达成共识即可。假设每个议题每个人的表达时间和问答时间各5分钟，则一个议题在30—45分钟即可。这样，我们就能快速计算出相对精准的会议时长，再根据议题数量、茶歇数量、晚宴和交通情况，框定一个较为合理的时间。

至于那些关乎生死的重大决策，我们完全可以提前通知与会者安排手上的工作，预留一周甚至一个月的时间，大家放下所有事务，针对公司的存亡兴衰谈深谈透，不达成高度同频誓不罢休。

除了会议本身需要耗费的时间,在做准备工作的时候,我们也要预估好其他时间耗费的情况,尤其是预约邀请与会者所需要花费的时间。

一些重大的战略决策会议往往需要邀请远在各地的高管团队和外部专家参加,并且大家缺一不可。这就意味着组织者通常无法像部门开会一样喊一嗓子大家都到会了,而是需要经过长期反复的邀约和沟通。

我在邀约企业家参加会议的时候,最大的感触就是"难"。每个人都有自己的事业,也有自己取舍的标准,对于自己不感兴趣的会议当然就"没空参加"了。

我的经验是,不要询问对方"什么时候有空",而是列出己方合适的时间段,通过电子表单等方式发给对方,约定一个截止日期,过期未回复视为不参加,少数服从多数。有些不得不确保到会的关键会议,则可以提前数月就敲定时间,在会前3—7天里预留一定时间,进行最后一对一沟通确认到会情况即可。

最后一个需要注意的,则是许多人都忽略的、会议正式开始前5分钟的黄金时间,我称之为"调频时间"。

我在刚刚开始组织线上会议的时候,经常遇到这样的情况:明明已经到了约定好的会议时间,与会者也都在工作群里发言"我来了",或者已经进入到小程序、APP(应用程序)里的会议室中,但你开始点他名的时候,他总是不回应,或者断断续续。要么则是大家进去以后都打开麦克风,各种背景音特别嘈杂。有时候更糟糕，明明人已经进了会议室，忽然又切出去了，微信再一问才知道，APP 版本太低，又出去更新了。

线下会议的时候也是一样，人都是提前坐到会议室里，但就是临会最后那几分钟，各种事情集中发生：什么一个业务没聊好、突然有人找、设备投屏有问题、摄像头无法开启，甚至麦克风有的响有的不响，都在这最后几分钟里扎堆冒出来了。

其实，会议准备工作中，最关键的临门一脚就是这个调频时间。因为会议最终的目的是希望大家通过会议达成同频，那么在会议正式开始讨论议题之前，要确保会议准时开始，就一定要提前检查下列事项：

1. 设备版本、升级和连接情况
2. 与会者的状态是否"由动转静"
3. 设置好"停机坪"

其中第三项我认为是最关键的，即便线上会议无法做到，也建议大家每次会议前都强调一下，请与会者关闭手机（或者停止处理其他任何与会议议题无关的内容）。

如果是线下会议，一定要将手机（不论一个人携带了多少部）统一放置在"停机坪"上并设置静音或关闭。如果是线上会议，则一定要将无关的事项／思绪放置在脑海中的"停机坪"里。

只有这样，才能在开始讨论议题前，让与会者统一进入到同一个会议场域中，有一个投入的状态应对接下来的思维碰撞。

 如何高效开会

确定会议人员的范围

会议开始之前,应该首先根据会议类型、目的,圈定与会人选范围。

1. 战略聚焦会

战略聚焦会议,通常都会落脚在具体的决策上。会议的人选,通常情况下应以企业主、高管团队为主,但是这个高管团队必须满足"同频"的前提。

因为一个人一天当中的绝大多数决策,其实都是不重要的。对老板来说,公司运营管理中 90% 的决策,不论选 A 或 B,都是不痛不痒,是可以放权交由其他人来敲定的;只有关乎企业生死存亡、有关未来发展规划的重大决策是需要老板本人来拍板的。所以,高管团队是否同频、大家是否用同样的标准来取舍就显得尤为重要了。

这个标准并不是说,大家要以老板的喜好来作为行动纲领,而是说"这件事情是否重要""这个决策是否关乎企业生死""这个结果最后是不是双赢甚至三赢"等类似问题,大家要

站在同一个出发点去考量。

这个出发点就是"公司与我休戚与共"。

当同频前提成立后,战略决策会的人员应当符合"应到尽到、应有尽有"的两个条件。其一,"人、财、事"三大主要管理板块的相应高管和老板本人应到,如涉及相关项目,则最高负责人应到。其二,与会者所管辖内容应尽可能分散、平均,这个部门有代表出头,那其他部门也要有代言人,避免出现"一家独大"的局面,同时为决策提供更多不同角度的信息。

如果这个战略决策并不是那么重要,甚至不需要老板在场,这个原则一样适用于其他层级的决策会议。比如,销售部门要制定次年规划,则销售部门可作为会议发起人,邀请行政、人事、财务、供应链、物流部门等相关负责人到会。

如果战略决策极为重大,老板本人和公司高管团队闭门造车并不可行。此时就需要引入外部智囊,比如,投资人、行业大咖,甚至咨询师。判断标准也很简单,一看对方是不是从公司实际情况出发给到能操作执行的建议,二看对方能不能用长期主义的精神去帮助你规划公司的战略。

2. 战术执行会

战术执行层面到了需要开会的时候,往往意味着项目进行的过程中,一个人的智慧和视角无法提供足够的决策依据了。因此会议目的在于让一件事情从不同角度被思考辨析、被验证和推敲,最终形成有用的方案。所以,战术执行会的人员选择,要符合"大胆表达,责任共担"的原则。

尤其是当中的共创会，它是每个与会者将自己的既往经验作为基石，抛进滚筒里，用外部挑战、内部条件等现状和假设作为金刚砂，大家互相翻滚互相打磨，质量小、硬度差的磨着磨着就消散了；但质量大、密度高的则会脱颖而出，并随着打磨变成光滑莹润、璀璨耀眼的宝石。

所以，共创会的人员不能是被逼而来的，而是有想法、有表达欲、有兴趣参与的相关人员，是"召集"和"悬赏"的结合。这些人员的职级、职务要求可以放宽，但一定要有较高的主观能动性，敢于说话，敢于担责。如果这个人有想法，但羞于表达或者不愿意在会上分享给其他人，那么会后也不应当采纳他的意见。

我辅导的一位企业主过去经常在共创会议的最后提出一个问题："这个方案挺好的，你们谁来负责？"我反问他，什么情况下，你会让提出创意的这个人来负责？

他答："我觉得这个创意很好，并且只有这个人能做的时候。"

我说，你这样想就不对了，你觉得他能做并不重要，关键的是他觉得他能不能做。必须要对方非常主动地跟你申请，说"老板这是我的想法，我自信能做好，你把这个事情交给我吧"，这个事情才可能有个好的结果。

意愿才是第一位的，与之相比，能力反倒要往后靠。

战术执行会开得好不好，关乎每一个与会者的切身利益的取舍。会上拿出的所有方案，最后一定会落实到付出与所得上，参与共创的人实际上是在做集体决策。如果这个决策仅仅由会议发起人买单，共创过程就容易走偏，毕竟不痛不痒又怎能设身处地为别人着想？

所以，与会者最好是悬赏而来。大家主动谋求共荣，给出的建议会更经得起推敲。在执行过程中，参与过共创的人也会因为利益相关而愿意付出相应的时间和精力来保证结果。

3. 战略发散会

中国很难开出效率高、效果好的战略发散会，主要原因在于过去大家对会议的思维定式就是坐下来听别人说。一旦说要务虚发散、畅所欲言了，大家难免会想"我本来就没经验""我先听听别人怎么说"。

这就好比小时候在课堂上，老师如果提出一个问题希望大家举手回答，而这个问题是发散的、不具象的，甚至是从来没有听说过的。所有人对答案没什么自信，当然也就不会轻易举手。

摩拜单车的创意，并非来自胡玮炜，而是在他们开会的时候闲聊，迸发出的点子。胡玮炜的朋友陈腾蛟非常想做智能单车，在一次小聚中，易车公司创始人李斌对智能单车的模式并不感兴趣，于是随口说："做智能单车，还不如做共享单车。"胡玮炜当时就像被击中了，后来的故事大家都知道了。

我认为中高层管理者更适合定期参加战略发散会，当然比例不能高，尤其是与会者一定不能承担提出创意的责任和义务。否则组织方就听不到天马行空的创意，也违背发散的精神。

最后，在邀请人员的具体执行上，可以根据实际情况，选择邮件通知、电话邀请、微信邀请、钉钉叫人甚至群内指名。

当然,最高级别的邀请方式,是上门邀请,双手呈上精心制作的邀请函。我甚至见过用毛笔手写白话文、繁体字的邀请函,令人受宠若惊。最普通的邀请方式,相信大家多少也都经历过,就是群内指名,甚至随口叫一声,个中滋味大家都有体会,这里不做赘述。但是,邀请与会者的时候,如果你是有求于人的,就尽量用邀请的心态去请人拨冗上会,而不是用通知的心态强硬地做要求。

有时,一个会议发起人非常想邀请某位专家上会,但就是因为邀请过程中的细节,(比如邀请方式、接待规格)没有做好,导致对方感觉不被尊重、不愿意上会。所以,既然咱们看重这次会议、看重这次人,就一定要做到滴水不漏。给了邀请函,如果没有后续再通过电话确定时间确定上会信息,也是主办方的疏漏,在这方面,许多人都容易犯错而不自知。

某种程度上,这些重要的嘉宾,已经不仅仅是会议的参与者,而是你的目标客户,甚至是你的"投资人",请一定给予他被尊重的感觉。

最后,会议还需要具备一定的组织和辅助人员,比如主持人、会议助理等,作为非变量角色,我们会在后文详细介绍。

准备会议资料

会议开始之前，一定要有相应的会议资料，资料的形态包括但不限于：PPT、数据表格、说明文档和标注、参考文章和杂志等。

会议资料的存在，是为了帮助与会者跟上讲述人的节奏，保持信息同频，不至于在会议正在召开的当下去挤牙膏一般，从分散在不同人的不同电脑里，或是沉睡在企业庞大的数据库中找到和会议议题有关的内容。

我在自己的公司开会的时候，曾经遇到过一次令人极为生气的情况。早在一个月以前便由行政部门通知高管团队、销售、拓展等各部门召开年度战略会议。高管团队已经熟知这种会议的重要性，也预想到需要准备大量的资料来帮助决策，而与会的部门领导作为中层管理者和未来的接班人，也保持着高度紧张。

可到了会议现场，当有人针对年度数据报表当中某两项数值的波动提出异议，希望知道既往数据和相关人、事对于这两项数值变化的影响时，我的销售老大和部门经理都只能用猜测的方式给予模棱两可的回答。

最后会议不得不暂停 15 分钟，来让相关人员赶快回去翻资料补充内容。行政老大自己感觉压力很大，因为会议是她通知和组织的，她有责任准备资料。可销售老大也很尴尬，因为作为项目领导者，他也没能做到对数据烂熟于心，至于部门经理就更惶恐了，他是实际管理者，却没有数据敏感度。

看上去似乎谁都没有错、谁都有理由、谁都很委屈，但实际上这次会议事故给了我深刻的提醒。

1. 会议负责人必须准备足够多的资料

会议资料究竟由谁来准备？前文我们提到过，会议一定要有一个负责人，他的职责里就有准备会议资料一项，且这应当是比重较大的责任。

当他不具备调取所有数据资料的权限和能力时，他这个"会议负责人"的身份则是可以赋予他权限，来要求其他部门和人员找到他认为可能需要的资料，再交由他进行分类和整理的。

如我亲历的会议暂停一样，其实我们并没有办法完全避免临时征调数据的情况，但是会议资料一定要尽量全面，尤其是需要获得反馈、有后续执行落地要求的会议，比如决策制定和进度协调等会议，就必须要准备足够多的数据。作为负责人，你可以不把所有的资料都打印出来放在每个人的台面上，但你手头要准备好尽可能多的资料，对方提出要求时，你可以在自己的资料库里快速找到并给出准确答复。

当你需要准备的资料中包含大量数据内容时，一定要尽可能多角度、多跨度地调取相应资料，以提供可以交叉比对和细致研判的内容支撑。

尤其是战略层面，需要决策一个项目要不要落地时，每个人的角度是不一样的，财务、人员、竞品等都是需要考虑的，这些不一定有具体数值，但依然是决策必备的数据资料，那么会议发起人就要尽可能从横向、纵向等多角度去获取数据，甚至寻求相应专业支持，来确保资料翔实、准确。

2. 会议资料的内容、形式

根据不同规模公司的实际情况和不同目的的会议类型，会议资料的内容和形式其实并没有绝对的金标准。有些公司会要求用完整的文章来说明各自的思考逻辑和思维过程，尽可能减少口头讲述的过程，来帮助大家更好地达成共识。但是，更多公司仍然沿用口述、PPT、纸质资料互相配合的方式来实现与会者的信息同频。

我个人认为对于很多中国企业，尤其是正处在发展期的企业来说，PPT仍然是会议资料的最佳形式。因为发展中的企业规模不大，部门和人员之间需要交错的场景很多，以PPT来做骨架，口头讲述作为支撑，可以帮助与会者快速同频，并且激发思考碰撞。

思维导图当然也是不错的选择，尤其是对于一些需要严格把控会议时间、高效推进项目执行和多部门协作调度等性质的会议，思维导图制作起来往往更简便、快捷，在会议过程中也可以即时修改和记录，可以显著提升会议效率。

但是不论怎样,有一样资料我认为是所有会议前都必须要准备好的,那就是时间进程表。

很多议题会交叉多部门、多人员,因此,会议前的议题和要点通知就是必须要进行的。我们需要通过表格列明:这部分需要谁主讲、主要议题是什么、需要多少发言时间、每个板块的时间节点是几点几分、哪些话题是必须要拿出结论的、什么板块到了什么时间必须要结束讨论、有无茶歇、有无特殊要求(如服装、会议纪律等)……

如果会议特别重要或者参会人员职责不同,更细致一点儿的话,我们甚至要提供不同的进程表给不同的人员,比如你是作为辅助部门来参加这个议题,还是作为主要讲解人?你要准备的议题是什么?你有多少发言时间?会议预留了多少时间?……

一个优秀的会议引导者,一定学会要运用时间来作为模板,帮助与会人员保持高度紧张状态,张弛有序地参与会议,开动脑筋给到赋能创造价值。

3. 运用现代科技和工具记录和整理会议资料

现代会议有很多工具是可以帮助我们来做好会议引导和记录的,比如 MAXHUB(品牌名为 MAXHUB 的智能会议平板一体机)就是我非常喜欢的设备。我可以直接在大屏幕上调出倒计时显示,也可以拖动白板随时记录迸发的思维火花。这让我们可以毫不遗漏又特别轻松地保存会议上的每一个金点子。

过去我们开会要整理会议记录,往往需要一个专门的记录人员将每个人说过的每一句话记录并整理成纪要。现在腾讯会议、钉钉等众多工具都能在会议进行的同时自动生成会议记录，尽管存在部分语音识别精度的问题，但结合同步生成和保存的录音、视频，基本上可以做到会议内容无损记录，并且是智能生成的。

人工所要做的事情，从一边听一边理解一边整理一边记录，简化为直接对照文档整理纪要，再落实到执行环节的具体责任人。这简直太棒了！我就曾在会议中借助这类工具的力量，实现实时生成责任文书、当场签署，让整个会议有始有终，并且充满仪式感。

同时也要注意，运用工具进行记录的时候，最好将人和工具分离开，比如会议发起人可以运用录音笔或者线上会议工具录音，但当会议开始时，除非必要操作（比如拉人、控麦、换电池等），不要让任何人，包括会议发起人和引导者等接触工具。

当与会者需要记录的时候，也不要允许他们打开电脑、iPad或者手机来记录。他们自带的录音设备是否可以使用，最好也要在会议前评判一下风险可控程度，并提前做好通知和说明。

因为这些集成了诸多功能的电子设备很可能分散与会者的注意力，你也并不能掌握每个人使用设备的细节，所以最好的方式就如我前文所说的那样，在会议前就收走所有人的手机、电脑等设备，用一个"停机坪"让每个人的思维专注在会议内容本身。

我们可以为每一个参会者准备纸笔，方便他们随时记录自己的创意和疑惑，等到特定的发言时间，会议引导者允许大家开始提问和讨论时，再针对纸上已经记录的内容进行辨析和求解。

值得注意的是，尽管我非常推荐大家使用投屏，但并不建议大家仅仅将会议资料通过大屏幕展示。因为这样只有一个信息检索和查阅窗口，与会者座位靠后可能无法看清，且这样会导致会议特别容易因为查询资料而打断。

4. 永远不要相信每一个收到资料的人都会提前阅读

有一件说来有些羞愧又的确符合大多数中国企业的事情是，大多数人的习惯就是不提前看任何资料，哪怕会议负责人巨细无遗地准备了大量会议资料和文件，通过各种方式早就发到了每个人的信箱或者工作台上，也总有人是不看的。

因为大家习惯于将时间根据功能划分，并且区隔得相当开，潜移默化地认为会议资料就是在会议当中阅读的。所以永远不要省略已经写在会议资料上的内容，最好在会议开始初期就通过场景化的描述来让读者深刻感受会议资料的核心。

我在开会的时候经常会听到：

"不是发给你们了吗？你怎么没看啊！"

尤其是老板，自然而然就觉得资料已经发下去给你们了，老板发给你们看的东西，你们就一定会看。

实际上呢，别说其他人了，就连我自己分享在公司讨论群内的优秀文章，也总有人是不看的。

会议发起人的错觉往往是"以己度人"，会误以为自己关心的事情别人也会保持同样程度的关心,实际上对于大多数人来说,"需要参会"已经是一种负担,还要因此而提前阅读大量资料,则是更大的负担。

所以,不论何时,哪怕对方是和你长期配合的人,也不要省略已经写在会议资料上的信息,最好准备一定时间通过阅读或宣讲,让每个人在思考前就能保持同频。

所有的会议资料最终是为了会议的高效进行,不论何种形式、内容和篇幅,如果会议资料的准备和讲解成为影响会议效率的因素,就可以考虑改变形式。

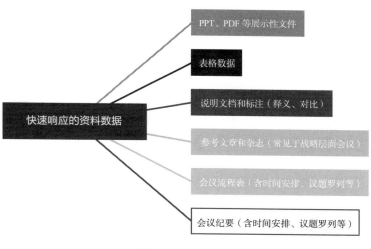

图 3-2　关于资料

 如何高效开会

关于场地

很多时候我们在准备会议时，都忽略了场地条件对会议效果的加持作用。

我去过很多公司，大企业有条件准备一整层楼的会议空间，分割成大大小小不同的会议室，有电子密码锁，行政部门有相应的程序来管理每间会议室的预约和使用，非常方便。小一点儿的企业，只要可以，往往也会准备独立会议室。我自己的公司也入驻过共享办公空间，里面的会议室可以满足我们会客、开会，甚至跨地域开会的功能。

可仅有场地是不行的，我们在准备期一定要考虑到不同空间大小的会议室和不同性质、主题的会议之间的适配性。

1. 环境通风

会议室一定要通风，哪怕有新风系统的会议室，也最好是能开窗换气的。一个固定空间里如果超过30分钟不开窗，二氧化碳会飙升，也会抑制与会者创新的想法。开窗换气一方面可以让新鲜空气进入，让环境更适宜；另一方面，开窗的动作

（可以由会议助理完成）也能起到一定暗示作用，帮助大家打开思路。

如果公司没有条件拥有自己的会议室，也可以选择去外面开会。咖啡馆、茶室，甚至直接去外面的草坪空地，只要允许大家能坐下来说话就可以。

需要激发创意的会议，特别是务虚发散会，则需要一个较为轻松的环境，所以完全可以在开阔的空地进行。大学里的社团活动经常会在草地组织新社员相互认识，正是因为这样的场地条件比较开阔，适宜开展一些运动、游戏，营造轻松的氛围，帮助大家融入。

2. 茶歇餐饮

为了与会者状态的保持，我建议 3 小时以上的会议就要安排餐饮，可以是茶歇，也可以是简餐。

战略决策会要严格规定茶歇时间，茶歇区域要放在主会议室外面，或者会场后端，和会议讨论区域有至少两把椅子的距离。因为战略决策通常比较烧脑，所以可以设置多个时间节点，让与会者及时补充体力。

思辨共创会主要是讨论和碰撞，为了保证节奏不间断，可以只提供一个茶歇，时间可以稍长，尽量让大家保持思维活跃度。

项目进度会通常比较简短，而务虚发散会需要轻松愉快的氛围，会议过程中不安排茶歇，但结束后根据情况安排餐食即可。

3. 座位间距

越重大、紧凑，需要与会者高度集中注意力，或需要强迫大家直面问题的会议，越要将座位间距拉近。

饰演过《不要和陌生人说话》里"安嘉和"医生一角的冯远征，年轻的时候受到在西柏林高等艺术学院讲授格罗托夫斯基流派的梅尔辛教授邀请，远赴德国进修表演，主张通过身体技艺的训练来展现人的本来面目。

担任北京人民艺术剧院院长后，冯远征也用各种方法来激发演员的潜能。一次，学生们排《雷雨》，饰演繁漪的演员表达不出被禁锢的状态，冯远征就把她推到空调的木罩中，让两个男生顶着，不一会儿她出来的时候就找到了被禁锢的状态。

开会也是一样，如果是一个比较狭小的空间，人们很容易就会有压迫感，假如彼此之间再互相挨着，就更容易让人紧张起来。

上小学的时候，最调皮的孩子往往有两处宝座：要么就在讲桌边上，坐在老师眼皮底下不敢造次；要么被发配边疆，去最后一排自生自灭。安排会议座次的时候也可以借鉴这类经验。

比如，著名的腾讯930会议就是在香港一间小饭馆的包间里，参会人员胳膊挨着胳膊，每个人都离开了自己的主场，和老板马化腾的直线距离近在咫尺，彼此之间不管过去有多大的权利，互相之间部门隔了几层楼，这会儿都像是串在一根绳子上的蚂蚱了。

这时再去揭露组织弊病、直面管理困境、探讨企业变革，大家会更容易在高压下迸发出巨大的能量，此刻的决心往往是破釜沉舟的。

不需要较多碰撞、通知性质，节奏缓慢的一些会议，可以将座次间距拉大。比如项目进度会，大家各自汇报一下进展和需要协助的地方就可以了，可以稍微坐开一点儿。务虚发散会甚至可以不在室内开，条件允许时大家可以随意走动，以肢体的放松状态带动大脑的活跃。

4. 对话空间

对于少数需要一对一，甚至多对一会谈的情况，对话空间的挑选可以注意主题和场合对于谈话效果的暗示作用。

我在去企业进行高管访谈的时候，一直保持提前查看对话场地的习惯，有时我们是一帮企业家去访谈对方企业的很多高管，也就是说需要同时进行对话，这样也会导致场地不够的情况。

如果是一对一会谈，老板办公室则是个很不错的选择。条件不允许的时候也可以借用其他人的办公室，但是最好要有比较强的私密性。因为一对一谈话的内容本身就具有排他性，如果你希望会谈对象能够敞开心扉直言，那就一定要通过环境和你的肢体语言提供给他足够的安全感。

多对一会谈的时候，尤其是像我们参访过程中，两三个事业有成的企业家同时去对话一个陌生企业的陌生高管，他可能还是财务总监或者研发总监这种不常对外的专业人士，难免会感觉紧张、局促。此时我更推荐长条形状的会议室，或者有半围绕式沙发的空间，在会谈时也要注意发言时间的控制，来给对方减轻压力，帮助会谈更好地进行。

从目的而言，如果对话是轻松愉快的，你甚至可以找个环境不错的咖啡馆，哪怕坐在外面花坛上，也可以进行。反之，如果会谈内容有可能会给对方较大压力时，你也可以在一个狭小的办公室进行。

我这里所说的只是我的个人建议和习惯，实际运用过程中还需要大家多多尝试和摸索，找到自己更喜欢的场地选择习惯，但万变不离其宗的是，场地一定会给到与会者心理暗示，或多或少会影响会议质量。

值得一提的是，有些大公司会在办公场地内设置非常多的会议室，大小各有不同，让项目组自行选择合适的场地，并通过一套专门的系统来管理会议室的预约。

我以前一直觉得这样的方式非常好，直到有一次我去某上市公司参访，发现他们公司的会议室很少，大概只有十几间。我非常诧异地问："你们大几百人的公司，这么点儿会议室够吗？"

公司负责人得意极了："滕教练，这就是妙处所在了！以前我们办公楼里也有很多办公室，我发现每间办公室的利用率很低。不是说空置率，而是大家都觉得，反正会议室一直有的，我随时都可以开会，随时可以散会，想开多久开多久，所以单个会议室能够产出的能效非常低。"

之后，这位老板便故意减少了会议室的数量，这让整个公司上下都非常有紧迫感，因为场地不够啊！每到需要开会的时候，大家都很谨慎，能不开会就不开了，会议室太难约。如果是一定要开的会议，那就得提前规划好，因为后面多的是人抢会议室，到了约定的时间必须出来，不然后面的项目组要拍门了。

没多久，他公司里的会议就自动分流了——一对一的会谈直接在工位上完成，需要一点儿私密空间的就去楼下咖啡厅。开会的人员到齐情况也好了，因为"室不我待"，要是因为有一个人没到会议被取消，项目组所有人都会对他口诛笔伐。会议效率一提高，所有人的脑子转起来也快了，整个公司的气氛都是热切向上的。

他说自己是把空间利用到了极致。我笑着说："你是以空间作为载体，把时间观念变成了肉眼可见的效益和产值。"

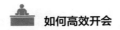 如何高效开会

不同形式的会议资料建议

要罗列不同的会议目的性质需要的不同的会议资料制作建议。

会议执行参照:

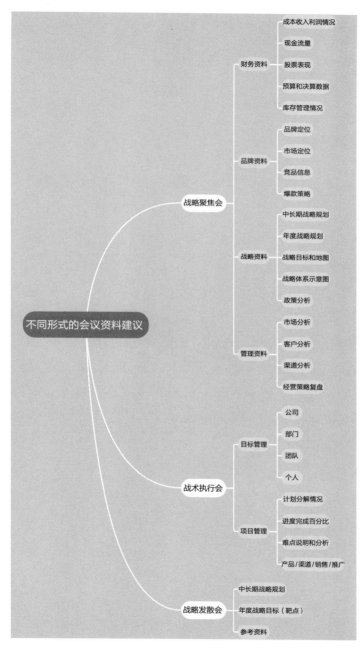

图 3-3 不同形式会议资料建议

第四部分

会议角色分配

 如何高效开会

为什么会议要有角色？

过去很多企业开会，只有两个角色：领导和下属。发言的人往往是领导，而下属坐在台下无所事事。即使下属偶尔获得发言机会，能够表述自己的观点和方案了，也容易被领导评头论足。

"你这个方案还是有不成熟的地方，我比你经验足，这些我都经历过，你再考虑考虑。"

看上去是给到员工发言机会，实际上还是领导凭借自己的职级和资历在以势压人，本质上双方仍然是不平等的。

为了避免这种现象，在组织会议之前，一定要建立一个基本的角色认知：会议需要不同的角色承担不同的责任，大家各司其职，最终为了会议的整体效果能令人满意，并能有逐渐提升的可能。

我将会议的基本角色分为四类：主持人、权威者、记录员和协调者。一个会议的失败往往是因为这四个角色当中的某一个角色缺失。有时候会议规模小，一个人可以身兼数职，但在不同的时刻承担不同职责时，这个人也必须保持相应的角色认

知，不能缺位。

比如，你可以兼任主持人和协调者，但在履行任一职责时，你不能混淆，更不能缺位。一个角色没做好，会议就有可能失败。

比如主持人缺位，会议就容易杂乱无章。权威者如果不符合他的定位，就容易抢话、带节奏、定基调。记录员缺位，会上的智慧可能就没法留存，会有遗失的情况。协调者缺位，与会者就可能带着情绪去互相抬杠，而不是理智探讨具体问题，发生冷场的时候也很难调动大家积极性。

四个角色并不是说一个会议现场一定要同时具备不一样的四个人，也不是说一个角色就只有一个人。比如，协调者很可能可以由多个与会者担任；甚至权威者也不需要到每一个会场"宝塔镇河妖"，只要他的权威、他对本次会议的重视的态度能够辐射到会场就可以。

四个角色需要负责的内容，简单来说：

主持人要对会议的效率负责，这包括会上的时间掌控和会后的执行效果落地；
权威者要对会议现场的开放程度负责；
记录员要对会议高质量内容的留存负责；
协调者要对会议场面不失控负责。

如果主持人又是权威者，其实是相对来说比较容易兼任的角色，他只要控制自己的发言欲望就可以了。主持人不能兼任

如何高效开会

记录员，因为主持人需要抽离到会议具体内容以外，尽量保持中立，而又偶尔要切入到讨论当中聆听，便于找到关键字句进行引导。如果主持人兼任协调者，就免不了"反复横跳"，否则他不知道双方的分歧点是什么，就算想协调也不知道如何切入。

权威者往往是最有权利破坏规则的人，也是最容易导致会议闭塞、开放程度差的人。他最有可能让大家收拢在一个尺度内讨论，也最有可能率先发言表态，让大家畅所欲言。

如果权威者不到现场参会，反而能让会议的尺度变得更大，我建议就不要让他上会了。反过来，如果他不参会，会议现场的尺度还是"紧巴巴"的，他就一定要参会，甚至他得带头宣读"罪己诏"。

很多人需要权威者来表态，他才好观察判断今天的会议需要讨论到什么程度。不要以为权威者会上糊弄一下、假模假式地放开尺度，这些与会者就真的可以放弃成见、放下恐惧大谈特谈。权威者必须要真诚，必须要让大家感受到你对会议氛围改变的决心。会上不让他们说，难道私底下就没有人放开讨论、脱离那个所谓的"红线"和"禁区"吗？

可见，权威者一定要注意，你的存在不能让会议分崩离析，更不能让会议尺度模棱两可。

记录员则要注意，你不仅仅是一个会议助理，你更重要的工作是内容的留存，形成思维导图、会议手册或者你公司的"基本法"。你要善用工具，忠实记录会议内容，转化到公司的知识库里面。

什么是会议的"高质量内容"？你可以事前和主持人沟通好

本次会议的要点是什么，围绕会议主题和目的，预先筛选出的重点内容，就是你要负责的高质量内容。

你不能遗漏，不能出错，也不能缺位。

记录员最好是单独的一个人，不要兼任其他任何角色。现代工具非常发达，你可以没有记录员，让机械来帮助你记录会议内容，比如文字、音频甚至视频，但是会后还需要这样一个角色来整理关键内容，做好留存等工作。他是一个精明的旁观者，他必须独立在讨论之外，忠实于会议金句和重点，最关键的是，一定要按照条理整理内容。记录员的另一个重要工作，是重大会议，尤其是战略聚焦会、战术执行会等务实会，需要回归到具体决策层面的，他要确保信息翔实、正确、责任到人，并在会议现场或者会后极短的时间内，确认每个责任人签字领受相应任务。

协调者要在与会者情绪冲突的时候"插科打诨"、求同存异。会上讨论过激时，要及时降温，反过来冷场的时候，也要帮助活跃气氛。

协调者往往由主持人兼任，这就要求主持人需要在流程控制和内容理解当中来回切换线程。否则你可能会在不该打断的时候打断别人，或者该打断的时候放任对方继续表达。

如果主持人的协调能力有限，就需要提前在台下准备好一个甚至多个协调者。协调者应是一个八面玲珑的"交际高手"。

如何高效开会

主持人——指挥家

会议中的主持人就像乐团的指挥家。当我们欣赏交响乐团的演出时，会看到很多小提琴乐手、很多黑管乐手，还会有首席乐手，但指挥永远只有一个人。乐团中指挥的收入往往也是最高的，其重要性不言而喻。

在会议中，主持人就是这样一个指挥家。他要引导、协调不同部门、不同性格的人，让不同声音不同乐符交织在一起，汇聚成集体的声音。

主持人需要剥离掉自己固有的身份、地位等职场和社会角色，完全沉浸在主持人这个角色中。他所承担的主要职责如下。

1. 按照既定计划做好时间控制

主持人想拖时间，可以有无数个理由："前面环节太长了""这个问题没解决完""你们要不要把这个事情谈清楚"……我甚至见过主持人主动询问发言的人，要不要多给你一些时间？

看上去好像没什么，但每一次拖延都是对主持人自己威信

的削减。换言之，主持人的升级之路，是从每一次精准控制会议时间开始。

只有会议能准时开始、准时结束，与会者才能在面对会议通知时感受到"可控""信赖"，而不是"多出来的任务""暗无天日"，整个团队的会议文化建立才能迈出第一步。

2. 结合自己的习惯控制会议节奏

一个会议根据主题、目的不同会有不同的节奏，什么会议适合先快后慢、什么会议又要先慢后快，大致是有一些模式可以借鉴的，具体我们在后续章节中会展开说明。

主持人不能照本宣科，他要敏锐地掌控每一段乐章的呈现效果，慢的时候要淋漓尽致，快的时候又要激昂顿挫，这是需要在实践中找到自己的风格的。

不同的主持人会对节奏有不同的偏好，比如我自己就是非常擅长有冲突、有对比的辩证环节的，所以我会习惯于设计类似环节帮助团队剖析各种现象，找到真问题，最后逐个击破。有的主持人则擅长春风化雨、慢条斯理的沉浸式引导，他们则会运用一些心理学的技巧帮助与会者获得更深刻的感受和体会。

节奏控制没有绝对的对错，但一定要结合自己的习惯，适应会议的要求，达成最终的目的。

3. 敏锐地发现和处理突发状况

主持人永远都在面对未知，即使会议前做了大量的准备工作，也难免会在走进会场之后发现各种各样的问题：设备断电、环境不佳,甚至会上有人掀桌子摔门而去……当然,准备工作越充分,遇到类似突发状况的概率会有所下降,但它永远不会降至0。

主持人手拿指挥棒,就要敏锐地发现乐曲演奏中不和谐的音符和节奏,通过长期实践所积累的经验妥善处理这些突发状况。

有些公司开会时,在极端情况下的确会出现与会者吵起来,或者干脆躺平、死气腾腾的现象,但是一个优秀的主持人,尤其是擅长会议引导技术的主持人会清楚地知道,这些完全可以通过流程设计来规避。

所以,主持人是会议上绝对的领导者,是掌控者,也是救火员。如果一个主持人不断从角色中跳出来,回归成某些与会者的领导、下属、朋友、顾问,他一定做不好主持工作。

因为在会议中,他只用为乐章负责,他不用向任何一个乐手卑躬屈膝或者大发雷霆。

然而,就像乐团里总是会有一个首席演奏家一样热衷于表达和输出的人,他的存在可能是表演画龙点睛的部分,也可能是破坏整体和谐的败笔。主持人要学会运用一些技巧,让这些强输出者主动去维护你的会场规则。

最好的方法当然是能够找到一个镇得住场子的大咖来帮你站台,做你的靠山,你就可以放心去做了。

如果找不到这样的人,也有2个办法:

(1) 增加自身的光环

我在上海交通大学学习演讲课的时候,有一位上海戏剧学院的老师给我的印象非常深刻。讲课前他并没有具体讲解他的姓名、学历，他放了一张 PPT 给所有人看。PPT 上有很多很多明星，不少是大家耳熟能详的。这位老师就说，这个明星是我教出来的，那个演员是我的学生，这是我教他们时的照片。

一下子所有人都对他肃然起敬，就感觉这个老师的水平肯定很高，接下来听他讲课的时候，他仿佛带着光环，效果就很好。

（2）让与会者制定规则

我曾经主持过上市公司主席们的私董会，台下坐着十几位精英，各自都是行业内威震一方的大咖，需要定一下这个组的规则。我没有给任何建议，全程采用提问的方法，将制定规则的权力交给他们。

"大家觉得应该每 1 小时休息 10 分钟，还是每 2 小时休息 20 分钟？""×××提的这个方案大家来投票一下。""你的建议大家收到了，有人提出挑战，希望辩论一下吗？"

主持人可以花一点儿时间来让与会者制定规则，自己定的规则，又是集体决策的，大家自然会遵守。就算有人不乐意听，也禁不住舆论的力量，这样整个会场的人都会自发维护规则。

我要提醒大家，主持人不是观点输出者，而是提问者。你输出的内容越多，与会者能听到的建议就越少。如果主持人输出的内容达到了 100%，这就变成了传达会，也是我们要砍掉的无效会议。

你一定为会议的整体效果负责，把会议的主线任务始终钉在会议目标上，尤其是战略决策会，一定要避免讨论得激情四

如何高效开会

射,最终议而不决的情况。

作为指挥家,主持人要用上帝视角来看待会议本身,不要沉浸在乐曲片段中,而是想办法让每个声部都能发挥应有的价值,最终呈现出优秀的作品。

权威者——吉祥物

会议的第二个重要角色,我们称之为"权威者"。

一场会议哪怕都是同职级的人参加,也会有一个项目牵头人,而不同职级的人参加,职位最高或者操盘领头的那几个也是会议的关键人物。因为这些人更具有权威,更容易因为自己的存在而影响会议进程。

第一种情况,是权威者迫使其他与会者做出违心的举动。

最常见的就是领导占领话筒阵地,以一个人的喉舌代表所有人的意志,不断输出自己的观点,其他人要么随声附和要么低头沉默开小差,或者是需要投票的时候领导率先表态"你们投票,我反正更倾向于方案 A,但是最后还是看大家投票的结果来决定。"

对其他与会者来说,权威者的存在就像会议室内的一座大山,山下的你我都不见天日,想说的不敢说或没必要说,想投的也不敢投。

另一种情况,是权威者肆意干涉会议流程和节奏。

我曾经在某上市公司遭遇过一次,VP 级(泛指所有的高层副级人物）的实权老总带头要求增加会议休息时间，并且在我宣布流程之后马上提出反对意见，觉得这个流程不合理。

如果主持人不是富有经验的会议引导者，而是他下属的某个员工，我想当时的气氛一定异常尴尬，并且整个会议将无法按照既定计划进行。

因为这一刻，他已经不仅仅是权威者，而是权威的挑战者。

对这样重要的会议角色，我的处理方式很简单，就是在会议之前找到知悉这个会议的最权威的一个人，并与之达成共识。

2018年，腾讯在和阿里的云计算争夺战中，曾经遇到过危急时刻。马化腾意识到公司必须要变革，股价下跌、内部沟通出现问题、老资历的员工尾大不掉……

酝酿了一年的组织架构调整悄悄于2018年9月在香港展开。

这里不得不介绍一下风暴眼中的"腾讯二把手"刘炽平。从高盛来到腾讯后，他协助马化腾完成了2005年、2012年两次重要的战略升级和架构调整，被认为是腾讯战略腾飞的灵魂核心。十几年来刘炽平低调、敏锐，2005年加入后，腾讯所有的重大决策几乎都有他的参与。腾讯早期投资人、高瓴资本创始人张磊曾经评价，刘炽平是一位伟大的商业分析师，他知道要打什么仗。

在这次战略升级与组织重构中，刘炽平又是主要操刀者。为了彻底解决组织因过于庞大走入平庸的隐患，他耗费近9个月的时间，将马化腾"要在组织架构上进行从内到外系统性地梳理"的规划真正落地。

他选择的方式，就是直接将问题逼近每个高管，通过闭门会议、借助马化腾的权威来推进战略的剖析、同频和落地执行。

刘炽平首先搞定了马化腾。总办将会议地址选在香港，不是任何部门、任何人的主场，而是一家餐厅的小包厢。十几个总办高管挤在圆桌上，挨着胳膊肘坐，手机也没收了。

设计会议议程的杨国安准备了一朵小花代表发言次序，收花的人被要求诊断腾讯问题："你现在就是 CEO，必须正面回答公司面临什么真问题，应该如何解决？"

首轮小花发给了马化腾，他必须先讲困扰，要打开尺度。马化腾一口气讲了好几个真问题，尤其是战略上的：云到底是不是腾讯最重要的、一定要做的？腾讯一两千个总监级干部里面，30 岁以下的干部有多少？

就这样，最权威的马化腾为腾讯组织架构变革开了一个好头，这次香港会议的感染力非同寻常，也最终制定了腾讯史上最为重要的战略。

公司内部开会永远无法排除位高权重的人以势压人，最好的方法就是让最为权威的领导者来身先士卒，定好整个会议的基调。

如果这个最大的权威者参会，就提前和他沟通你的想法、他的意愿，直截了当告诉他，你会怎样安排时间和流程，这个安排他是否认可？如果他不认可，提出异议，那么你们完全可以在正式开会前先敲定一个你们都认可的方式，并请他做好带头作用。

如果位高权重的这位领导者并不参会，但是他的名号抬出来足以震慑所有人，你就要提前告诉他，你将要引导一个怎样的会议，与会者可能有谁，你主持的会议和过去有什么不同，可能会遭遇怎样的阻力……你需要他的首肯来允许你遇到挑战时抬出他的名号来处理各种质疑。

请注意，提前沟通并不是设置各种规则让权威者遵守，而是事先通气，听听他的意见，最终"求同"，将他和你牢牢绑定在一起，让他知道会议的最终成果和他将要扮演的角色是息息相关的，你们荣辱与共。

如果规则定的特别细，且没跟老总们提前达成共识，权威挑战者带头违反规则，他底下的人当然也就跟着来挑战规则了，这个会议的效果就会大打折扣。

这就好比上学的时候，班主任面对调皮捣蛋、学习不好的差生，经常会采用边缘化、孤立他的方式，差生就破罐子破摔，动不动整点动静出来吸引注意力。有的老师则会鼓励他，让他做个力所能及的班委，比如体育委员、卫生专员，这个孩子反而会很努力，自己以身作则来遵守自己制定的规则，往往还能带动他越来越积极向上，融入集体。

总结一下，权威者需要成为会议的吉祥物，他是会议正常进行下去的保证。在会议前，我们一定要请到这柄"尚方宝剑"，和他达成共识。

在制定了美国宪法的费城会议上，也有这样一个权威者。55岁的华盛顿总统在独立战争基本结束时已经解甲归田。但是，这次他在同僚的再三恳求下，身穿黑色绒缎礼服，膝佩钻石纽扣，腰悬绿鞘礼剑，成为制宪议会的主席。近4个月的费城会议上，华盛顿全程走过场，靠着自己的威望主持会议，并没有参与具体讨论。

他只发言过两次，一次是宣布会议开始，一次是双方分歧巨大，在会议几乎分崩离析的情况下，他出面保证了会议的顺利进行。

有意思的是，老板往往是规则的最大破坏者。身为一个企业的灵魂，自己不重视时间，组织效率也不可能提升。请牢记，时间控制比内容优秀更重要！

因为当你有权力，并因此而破坏规则的时候，你下面的人都会因为自己拥有一丁点儿的权力而不断破坏规则。

记录员——旁观者

会议中第三个不可或缺的角色是记录员。

一场出色的会议通常需要优秀的场内执行人员配合,他的主要工作是如实记录会议内容,包括会议流程、讨论过程、决策详情和责任归属。

有些人可能会将会议助理的角色和记录员相混合。我不否认一些特别优秀的记录员可以同时进行会上的助理工作,并且不耽误会议纪要的整理,但这样的人我见过的并不多。有时我会在会议流程中设计一套计分系统,组别和个人得分都需要实时计算、排名和公布,许多刚开始做会议助理的行政人员尚且无法达到要求。如果你身边有同时可以承担两种职责的优秀人才,我也建议你尽量不要让他去做简单而烦琐的助理工作,而是让他专注在观察和记录上。

好的记录员应该是一个精明的旁观者。如果有程序或者工具能够记录整个会议过程,记录员最好可以专注在会议高价值内容的留存和整理上。

一些重大会议往往要求马上拿出会议纪要并签字确认,这无疑是记录员最重要的工作，但他的责任并非只在会议现场。

所谓的旁观，是他不能进入到议题讨论的具体内容上，他不能带入与会者的角色，不能共情，更不能举手发言去享受输出的快乐。他必须有非常好的逻辑能力，能够从与会者不同方式、不同习惯的表达过程中提炼出核心观点和论据，如实记录下来。这种记录如果是流水账形式——A 说什么 B 说什么 C 说什么，那记录员这一角色就是缺位的，我们还不如用科技的力量来实现同样的目标，效率反而更高。

为什么一定要设置这样一个角色，恰恰是为了借助记录员的思维，筛选出会议当中特别有价值的部分，进行归档留存。

比如：

1. 会议纪要：包括议题、决策、结论、责任归属、复盘和跟进的时间节点。
2. 会议手册：出于怎样的考虑召集本次会议？时间和流程安排上有哪些可以改进的地方？与会者是否对会议安排提出质疑或建议？
3. 备注情况，会议各角色履职的情况，与会者所具备的特质或者偏好，会上冒出的金句。
4. 创意整理，各个建议的记录，发散会的思维导图整理，初次涉及的概念、名词、论据的整理。

所以你看，记录员只是自己不发言，他其实也是要带着脑子、开动思维去观察和记录会议的各方面，他也要通过分析理解,才能抓住会议的高质量内容。

这些只是会议过程中记录员要做的事情。实际上一个优秀的记录员需要承担的职责,还必须包括会前和会议发起人、引导者甚至权威者的沟通,以及会议之后的留存和确认。

会前的沟通是为了帮助记录员明确对本次会议来说,什么才是高质量的内容,便于他时刻保持敏感度。和会议发起人、组织者提前沟通,则可以帮助记录员明确本次会议的主旨和目的,对会议来说,达成怎样的目的才算有结果。和权威者的沟通,则是为了确认即便权威者不到现场参加会议,他对会议的期望和要求是能够体现在会议纪要当中,会后是能保持信息传输的。

一个优秀的记录员能够发现会议的问题,形成纸质文件,或者是可以检索的内容,就像比赛录像中的关键球一样,任何人只要想学习研究这个球的打法,都可以通过记录员的履职,快速回到"比赛现场",全方位无死角地观察关键球的接发,知道前因后果,能设计出更好的打法。

所以,在记录员的选择上,我个人是比较挑剔的。很多公司的董事会秘书就是CEO,因为他对公司的运营情况了如指掌,董事会开会的时候他负责做纪要,正是基于这种熟悉程度,董秘的纪要往往是言简意赅的。

如果是战略发散会,记录员或许可以由行政人员承担,因为不设计到业务层面的内容,他只要保证会上迸发出的点子都能被翔实记录整理归档即可。

如果是务实会,不论是战略还是战术层面,记录员就一定要和议题相关或者和业务线相关,他至少得知道与会者在聊什么,避免会议纪要抓不住重点、废话连篇。

会议记录和会议纪要是有差别的,前者保证翔实即可,后者则需要列明相关的责任人、项目方案和举措细节,甚至会上议定的 KPI 指标。这些内容是需要记录员完成下发和签字的。

我们常说"趁热打铁",会上直接能签字是最好的,因为这么多双眼睛都盯着,又有会议规则兜底,几乎不太能出现会上拒绝签字,甚至不欢而散的情况。尤其是战略决策会上经常当场敲定重大决策,慢一点儿的话会议结束前要签字确认,快一点儿的话甚至当场就要送出会议室马上执行。

另一方面,会议内容是需要保存在企业知识库里的。记录的工作不能仅仅停留在记录本身,而是要将会议变成企业的沃土,会上能产生有效的决策——有脑洞大开的创意,有对于人和事的各种分析,有不同思维方式带来的不同视角……这些东西不一定马上就能变成业绩,但能留存在知识库里,可以帮助企业在需要成果的时候,马上找到秧苗去培养。

我曾经参与组织和建立一个企业家运动俱乐部。过去我们主创会议的很多内容都流失了,后来我提议让秘书将会议纪要保存。虽然有文件夹,但没有实现检索功能,导致每次要找以前的决议时,秘书需要挨个点开文件查找。

再后来,我们通过自己建立数据库的方式,实现了关键词查找功能,再配合规定的文档保存制度,每次遇到争议需要解决的时候,秘书不需要再组织会议询问俱乐部委员们的意思,而是查找纪要,自行解决。

另一个例子是我辅导过的一家企业，一次会议中这位老板想要找同行的宣传品、退货制度作为参考。我问他："你们做了这么多年，没有自己的制度吗？"他这才想起来，2014年的时候公司应该是做过相应制度的，于是叫了一堆人去翻电脑资料，最后才在一个硬盘里找到文件。这说明他们是有归档的习惯，但归档以后，经过长时间会议凝聚的集体智慧就这样沉睡在了服务器里的某个目录里面，没有人去关心，没有人查看。

我们深有体会的是，还有一次会议结束以后，记录员将会议纪要文件，不管是文档还是PDF，一股脑发到工作群里了，每个人都回复"收到"，但其实每个人都没有点开来看。老板自己不关心，其他人就更加不关心了。

你看，工作成果和企业整体的表现的好坏，其实都和这些看起来微不足道的积累工作息息相关，而这些别人看不见的琐事，才是记录员最重要的职责。企业的经验教训不仅仅要保存在文件夹里，更要沉淀之后变成肌肉记忆。就像华为十几年不断积累和更新《华为基本法》一样，这样的知识库，才是企业的核心竞争力。

协调者——交际王

会议中另一个重要的角色，你或许想不到，但他的作用非常关键，那就是"协调者"，我们可以简单理解为，开会过程中的"交际王"。

这不是一个贬义词，相反，这是一个重要会议中必不可少的角色。会议最大的风险不是议而不决或者天马行空，尽管这些问题耗费了与会者的时间和精力，但至少大家表面上还是相安无事的。

会议引导者最害怕的是好好的一个会，开着开着大家开始针锋相对，一个个都像杠精相互顶在头上，然后不欢而散，甚至摔门而出。另一种令人焦虑的会议则是所有人都像一潭死水，没有人肯率先发言，更没有人愿意坦诚地表达自己的观点，大家坐在会议室里就跟"坐牢"一样。对会议的引导者，尤其是主持人来说，出现这样的情况就代表着会议的 100% 失败。

只要有一个人在会上不给你面子，不尊重你的议程和规则，即便他离场了，会场内剩下的所有人也会有各自的判断。"是不是这个会议根本没有提前和这个人沟通？""他是不是跟别人闹矛盾了？""我怎么办？我是他手下的人，我要站队吗？"你会发现后面的进程和节奏你就很难掌控了，大部分情况下，会议很可能就不了了之，再也开不下去了。

越是重要的会议，尤其是可能需要两方或三方不同观点的人来达成共识的，越需要有一个人能在会议出现僵局的时候打哈哈、和稀泥，让会议能继续正常进行，不至于崩盘。如果会议出现冷场的情况，交际王也要站出来，讲述一个其他的观点绕开冰点，或者抛砖引玉放低姿态，哪怕说个不成熟有漏的建议，让大家的注意力暂时从微妙的气氛当中挪开，让会议进程能够照常继续下去。

这就是交际王的作用。如果说前文说到的吉祥物是让人不敢掀桌子，交际王则是让人不好意思掀桌子。

我们在选择交际王的时候，可以优先考虑平时就比较幽默、情商高、性格温和、敢于自嘲的，或者在会议现场安置一个外形不错的助理，以便会上开始出现互相抬杠的苗头的时候，会议引导者可以将大家的注意力从针锋相对的双方转移到交际王身上，在矛盾激化的时候缓和气氛。

在综艺节目中，我们经常能看到交际王的重要性。比如笑星出道的杨迪，虽然自己外形不算出挑，但情商高、反应快、能接梗、能自黑，当录制现场的嘉宾之间有可能引发粉丝骂战的情形出现时，他总能插科打诨、机智救场，不仅可以化解尴尬，也能让事件迅速淡化下去。

如果交际王本来就是参会者，而你本身对他就有一定了解，当会议陷入僵局的时候，不妨大胆点他，但如果你对与会者并不了解，甚至是到了现场才第一次照面，那就需要会议引导者在会议开始前就做好准备。

条件允许的情况下，引导者可以通过前期的准备工作，比如和相关人员交流与会者名单时就先有个大致的概念，谁可能会成为交际王，甚至提前和他本人有个短暂的交流。

如果各方面条件不允许，引导者可以在会议前期的破冰环节，通过一两个简单的游戏和互动，找到你认为接受度较高、认可这个会议、愿意享受会议并为之付出的人，作为你的备选交际王。

我不建议初次引导会议的人同时兼任多重角色，你需要控制会议的节奏，推动会议的进行，并保证自己在整个会议进程中的超然地位，冷静、克制、机敏而又全面，你才能掌控会议，通过一次又一次实践才能成为这方面的专业人士。

如果你本身就具备交际王的能力，擅长调解矛盾和调节气氛，在你已经可以完全控制好整个会议的流程、时间和节奏的前提之下，会议引导者也可以是交际王。

如果一个会议规模较大，需要分组讨论，比如集团公司一年一次的管理人员大会，在同一个会场内可能有很多个小组同时参与讨论，那么就一定需要多个协调者的角色。此时会议引导者也不能掉以轻心，他可能需要在繁重的引导工作之余，不停地在会场内走动，观察各个小组的讨论情况。

他需要运用自己的眼神、语气、肢体动作来润物细无声地帮助各个小组获得比较好的参会体验。

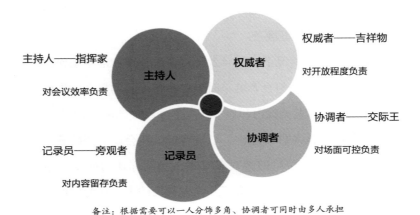

图 4-1　会议角色

第五部分

会议时间控制

 如何高效开会

开一个好会的核心

在开始创业的头几年,我一直是个特别自由的人。因为大学毕业以后,我根本没有打过工,直接创业当老板的我在时间管理上完全放飞自我了。由于经常迟到,我还自嘲地给自己起了个昵称,叫"最 man(男人)的老板"。

man 是挺 man 的,慢也是真慢,尤其开会拖堂特别常见,一度令我的员工和我都非常痛苦。他们提到开会就头大,我则对自己开始有些怀疑——

为什么我做不好时间控制?难道这个真的很难吗?

比如有时候我事先定好了,这个环节几分钟、那个环节几分钟,但是会出现好几种情况:

1. 根本拦不住别人发言,尤其在对抗激烈的时候。
2. 自己对别人的观点感兴趣,因为想倾听而放弃控制时间。
3. 有突发状况,比如某个大咖迟到、发言拖沓影响进程。

我发现会议中时间控制的核心,根本不是不断地看手表,

而是建立会议的规则感。这个规则感不仅仅是会上进程中的，而是在会议之前就要有。与会者是带着这个规则感来开会，而不是在会上为所欲为。

我 1999 年刚来上海的时候，对这个现代化城市的第一印象是这么大的城市居然没有人闯红灯。不仅是我，我的合伙人、我的助理都是新上海人，他们都表示自己在老家的时候，经常无视斑马线也不看红绿灯，反正马路上没车就能过。

不仅是行人，连开车也是一样，司机看到有人闯红灯就慢下来，让他先过。所以，我当时特别惊讶，因为从一个没有规则感的地方忽然到了规则感特别强的地方，"三观"受到冲击。

在老家，大家都不遵守规则，红灯有什么用呢？其他人都闯红灯的时候，你在那傻站着，还会遭遇别人的白眼，所以大家有样学样。但是，上海不一样，深更半夜路上一辆车都没有，行人也自觉等红灯，我就觉得这个规则感太棒了。

回过头来看开会，如果每个人都有对会议的规则感，那么在会议控制的时候就会变得非常简单了。因为违反规则的就是异类，哪怕你不处理，也会被其他维护规则的人群起而攻之。

所有的会议规则里，我认为直接影响会议成败的，就是时间控制。

有一次，我参加一个上市公司主席的饭局。当然，作为参与者，我不能喧宾夺主。可在大家轮流自我介绍的环节里，一位总裁滔滔不绝说了很长时间。

我半开玩笑提醒他："自我介绍说得越多，标签会越不清晰。"他说："主持人没说呀！如果提前说了每个人发言时间是多少，我肯定执行这个规定。"

规则在前，其实可以规避掉很多问题，尤其是中途打断这种情况。通过时间控制，发言者会熟知这个时间段是我的主场，你不用打断我，我到时间了会结束掉。旁听的人，不论多不爱听，也不用不礼貌地打断对方，因为大家都知道，到时间了会停止的，规则就是这样，大家都必须遵守。

当然，这个习惯需要长期形成，通常两次高度紧张的时间控制经历就能帮助与会者建立规则感。我辅导过的企业，年轻的高管有时候一次参会就能明显改善时间控制的情况，大大提升了组织效率。

公司管理要考虑人性，但不能依赖人性，尤其是不能指望人的经验和自觉。因为这些东西是没有标准的，无法量化评定和管理，所以一定要通过机制来替代人的自觉。

我偏好用时间管理的方式来控制整个会议的进行。从前期准备工作到会议过程再到会后的具体执行和复盘，一切都以时间为最重要的刻度，据此完成实现的机制化和规范化。

用最直白的话来说，企业就是通过薪资待遇等方式来购买员工的时间，如果会议不能将时间作为最高准则，就相当于整个公司都在投入成本做一件回报堪忧的事情。

另一方面，时间又是最容易被人忽视的工作变量。很多人现在鼓吹上班"摸鱼躺平"，因为不用产出就可以有收入。管理者放弃了对时间的把控，就意味着你在鼓吹不劳而获。

最关键的是，会议占用了发展期公司大量的产出时间，涉及的人员众多，这实际上是指数级的成本叠加，而不仅仅是数个小时的流逝。

一旦时间成为会议的最高准则，所有人都会将这种对会场规则的尊重变成工作习惯，带入到日常的工作和管理中，组织的效率，尤其是效能会极大提升。

彼得·德鲁克在《卓有成效的管理者》一书中指出："公司的会议过于频繁，说明公司的管理存在不足之处，公司的会议管理能力与其整体管理水平有直接关系。"

三星公司的会议管理制度中，就有一条："凡是开会，必须守时。"

如果企业没有建立时间第一的底层逻辑和基本文化，我会斩钉截铁地告诉你：时间是第一准则，没有弹性，没有灰度！

我曾经参加某上市公司董事长作为案主的私董会，当他谈到创业过程中曾经被人背叛、蒙受巨额损失的经历时，台下所有老板都非常感兴趣，大家都想听，觉得这个话题很好、特别有借鉴意义。

我当时就说，如果你在自己的公司里也是这样开会，大家也都习惯了，听到好的话题就要求延长时间，已经在公司上下形成这样的超时氛围，那么你就一定要改变，要身先士卒。

一定要补偏救弊！必须要通过时间控制，建立基本的规则感，让所有人都能在有限的时间里想尽一切办法提高效率。

如何高效开会

> 💡 **思考题：**
>
> 如果你在引导会议的过程中，有一个议题获得了所有人的认可，大家都觉得希望继续聊下去，但时间已经到了，你会怎么做？
>
> A. 放弃时间，优先满足讨论效果。
>
> B. 遵守时间规则，将议题暂时搁置，择期讨论。

规则感的副作用

某天下班路上,我习惯性地打开逻辑思维的音频课,听到里面讲到了一个很有意思的事情。打仗的时候,纪律到底有多重要呢?

武器发展史上有一段前装枪的时代,就是从枪口填装弹药然后击发的。因为前装枪毫无射击精度可言,所以战场上需要一队人肩并肩列队一起开枪,才能形成弹墙,造成杀伤。所以才会有看似非常荒谬的双方排队整整齐齐互射的场景。

看过电影《爱国者》的观众或许会记得里面描绘的美国独立战争时期,英美双方排队枪毙的画面:双方都站得很整齐,并且不会躲避子弹。

人都有趋吉避凶的本能,而在战场上让人放弃本能去执行这种看似荒谬的战术的,就是纪律。

新兵下连一开始都要练队列、练口令,这些都是士兵平时训练的时候觉得特别无聊,但是又被严格规定必须遵守的。所谓"服从命令是军人的天职",带来的结果是上了战场以后,每个人都清楚地知道边上的伙伴会跟自己做同质量的动作,大家

如何高效开会

会同时举枪瞄准射击，不会后退。当所有人都会听从长官的指令保质保量完成任务的时候，他们就不需要自己来判断取舍，也不会犹豫不决。

所以，纪律是一个手段，但不是终点。纪律能够产生队伍中每个人互相之间的信任感，而信任感才会带来效率和战斗力。

现在，让我们把视角拉回到公司。每个公司都有员工守则，有各种各样的规章制度，甚至不同的部门内部也会定好自己的工作准则和规范。这些都是为了通过纪律提高信任度，最后提升团队效率。但是，一到开会的场景中，很多时候大家就没有规矩了。有的人甚至觉得开会是好不容易才有的"摸鱼"时间，可以看看手机，放空一下，听到感兴趣的内容就插两句嘴，带薪摸鱼挺快乐的。

其实，会议中最需要设立一些核心的、不可违背的规矩。因为会议是企业文化的窗口，我们不仅要制定纪律，还必须长期坚持和遵守。

开会是工作中长期存在的高频任务，有规矩地开会，本质上是为了在公司内部建立一套尊重时间、尊重规则的核心文化，从而激活团队，提高组织效率。长期的纪律训练会有一个副产品，那就是你对所有人都有稳定的预期，你知道其他人一定会充分发言，你也知道自己的发言不会被打断。你清楚地知道大家要在多少时间内做出决策，你也清楚地知道会上的决策对应在每个人身上的责权利。这种稳定的预期，其实就是信任。信任能使效率提高，所以纪律就是组织长期保持效率的基石。

我刚开始在自己公司内部做会议规则建设的时候，也听到过反对的声音。有人会说:"开会而已,偶尔超时也没什么,有必要这么严苛吗?"我说:"一定要严苛。"

后来有一次,我去外面为上市公司的主席主持会议,还真就碰到了一次"偶尔超时"的情况。一位大佬说起自己的失败经历的时候,台下的十几位大佬都很感兴趣,主动要求放弃休息时间,要求继续讨论。尽管当时征得大家同意以后,我压缩了后续的时间安排,以保证整体会议的时间控制仍然是精准的,但这一次偶发状况仍然提醒我,事无尽善尽美。

大多数企业都缺少会议文化,或者说,在高效会议文化层面大家都身处荒漠。走在荒漠里,人会本能地寻找绿洲,因为那里就是指向性非常明确的、预示着生机的地方。在会议文化中,我们也必须通过规则来树立一个标杆,就像绿洲一样,同时告诉大家,好的会议文化是可以让你的公司焕发生机的。

我觉得开会最容易做到、也最可以做到一视同仁的规则,就是时间第一。

一开始去做会议文化建设的时候,我们当然会遇到时间控制不够完美的情况,但这不是说,你就有理由超时了。如果时间不够,请你依然按照既定时间和计划,结束议题讨论、宣布会议结束,没有讨论完的议题择期再议。然后请你赶快复盘本次会议,找到自己时间控制失误的地方,下次会议的时候多预留半小时,继续保持准时结束。

这中间可以有灰度吗?我只能说,规则本身没有灰度,但执行规则的人可能会游走在灰色地带。如果一个主持人应老板的要求,偶尔违规一次,或者在与会者的撺掇下导致会议超时了，这看起来好像无伤大雅，但至少有两点后果是可以预见的：

- 别人对他掌控会议时间的信任度会下降，甚至崩塌。
- 引导者自己会对这种灰度和"不担责"的感觉上瘾。

尤其是第二点，当引导者习惯于把超时的责任归咎于他人的要求时，必然无法在会议引导的技术上更进一步，也不可能帮助他所服务的组织建立高效的会议文化和时间第一的企业文化。

开会为什么要有严苛的规则？为什么要拒绝灰度、一板一眼地抠准时间？因为规则的副作用是增加人与人之间的信任感，规则本身是帮助团队成员之间对彼此的行为有稳定预期，上阵杀敌的时候大家才能一鼓作气，为了目标去执行命令，而不是各怀心思想着逃命。乌合之众和胜利之师的差别，大概就是令行禁止。

建立规则感

控制会议时间的前提是建立足够的规则感,而建立规则感的第一步,就是规则的事先告知。

我在给诸多上市公司的老总设计会议流程的时候,都会再三提醒他们,一定要事先通知,通常我会分成三部分:

1. 会议整体的规则

    手机要静音、关闭并统一收走;会上是否使用计分并有比赛;是否放置大致的积分规则,身份剥离、禁止使用敬语等。

2. 会议进程的安排

    总体时长,是否有茶歇,会上有几个板块,分别时长多少,是否需要分组讨论和路演,每个人发言时长多少等。

3. 决策机制的共识

    这个会议怎样才算结束?是到时间就要结束,还是一定要讨论出一个结果才能作为结束?这个决策机制是单人决策,还是少数服从多数?

针对大部分中国企业现行的会议方式，我觉得规则感的建立，可能一开始是容不下灰度的，并且需要很长时间来培养全员共识。

你会发现，只要提前建立好规则感，会议控制就会简单许多，尤其是在时间控制和结果控制上。

很多企业内部的会议其实是有成效的，也有专门的人员制作会议记录，但是一到会后签字确认的时候就容易出问题。

当秘书拿着会议记录单独要求与会者签字的时候，总有人不愿意签字，他会找很多理由，比如："这个事情会上是这么定的吗？我记得好像有出入，你要不再确认一下？"或者干脆明说："这个事情我是不同意的，现在要我签字，我都不认可，凭什么？"他都不认可这件事情，即使签字了又怎么可能尽心尽力配合执行呢？好一点儿的在做好该做的事后冷眼旁观，差一点儿的就在边上看笑话，这也是人之常情。

如果这家公司事先没有制定相应的规则，默许不签字不认账的情况发生，会导致什么结果？可以想象到，一旦我们纵容这种情况，就意味着每个人都可以因为"我不同意"而拒绝提供支持，也就是说，个人观感的好恶已经大于公司利益和集体意志。这样的组织是不可能做成一件事情的，公司里的每一个决策都可能被掣肘，最后大家散伙了事。

尤其是战略聚焦会里，合伙人之间若是意见相左，如果允许大家任性，就会有人跳出来表示，"你们这样搞不成，我是不参与的，你们把我这份儿折出来，大家拆伙"。看起来像是很民主，毕竟合伙做生意，要允许大家有不同意见，但是实际上这是一种釜底抽薪，很多时候带来的伤害要远远大过一开始就不合伙。

这就是因为规则没有事先建立好，尤其是没有成文规定。在一个能够充分讨论的公司里面，一定存在各种不同的意见，如果都按照过去的方式大家一定要辩出个是非对错来，那没有一个决议是能通过的。

公司里常见情况是，我反对你们的意见，但是该我做的事情我还是会做好。尽管大部分人都是这样对待自己的本职工作的，但依赖员工自己的主观能动性和责任感，倒不如通过制度来管理行为。

上市公司董事会里经常也会吵得不可开交，但是决议该通过的时候还是会通过。因为《公司法》第一百一十一条规定：董事会会议应有过半数的董事出席方可举行。董事会做出决议，必须经全体董事的过半数通过。

也就是说，只要过半数的人认可了，不论其他在场的董事认可与否，这个决议就是可以下发执行的，不因个人的意志而转移。

公司里想要开好会议，一定也要这样做到制度先行，所有人才会认账。我们可以将基本的规则写在公司手册里，会议前进行公示或者宣读，避免出现会议现场撂挑子的情况。

建立规则感的第二步，则是通过固定的仪式或流程作为约束，强化规则意识。

我经常主持上市公司董事长的私董会，他们在自己的企业里都是制定规则的人，开起会来滔滔不绝，经常忘了时间，但是在我主持的私董会上，他们总会说这样几句话："我还有几秒？""时间有限，我就问一个问题""你快点儿，来不及了！"

他们会在发言前深思熟虑，上台以后火急火燎，因为规则感已经建立了。让他们互相监督来维持规则比让主持人通过打断发言来维持规则更好，他们无形之中会更加投入在思考和辨析上，会极为珍惜表达的机会。

我用的方法很简单，就是每次会议前都强调本次会议的发言规则和时间安排以及决策机制，不论与会者已经是第几次参与我主持的会议，我都不厌其烦地用这种仪式感强调"规则不可侵犯"。

企业里往往会出现这样的情况，越是位高权重的人，越可以打破规则。这些习惯于在自己的企业里打破规则的人，到了其他的场合，有时候也忍不住要挑战规则打破规则。

所以，我一直觉得中国的私董会很难开，因为规则感是要长期训练的，而这些老总连定期参会都不一定能保证。

额外给大家一个忠告：规则感的建立不在于规则的数量，而是大家对规则的态度。这是自上而下的潜移默化形成的文化，需要一段时间反复实践强化。

会议引导者可以每次会议开始都抽出几分钟的时间念一下会议规则，反复灌输理念。有的企业家组织，比如正和岛，在很多会议之前会请所有人一起念诵正和岛的五戒六规。其目的并非喊口号唱高调，而是通过集体诵读，让大家有一个仪式感，同时把大家的能量聚合在同一个场域内，让大家思维集中。

建立规则感的第三步，是会议流程的严格执行。

中国是全世界禁毒力度最大的国家，中国人的禁毒意识也是世界上最强的。因为只要发现涉毒案件，从公检法到社会面，无不严格执行相关法律法规的要求，大力打击取缔，通过伴随深入人心的普法教育,才让绝大多数中国人免受毒品之害。

放到开会中也是一样,规则感正是通过一次又一次严格到刻板的执行,才能在整个组织内部形成规范,甚至成为潜移默化的习惯。

如果会议计划的时间形同虚设,久而久之大家都知道开会就是"狼来了",逐渐就没有人愿意开会。就算硬是抓人来开会,也没有人会特别投入。因为会议组织者不尊重个人的时间,个人又何必尊重会议、尊重组织。

顶级的交响乐团演出是过时不候的,因为整个演奏厅是在建筑师设计下建造的,有极高的整体性,对声音的放大、凝聚和传递有绝佳的助益。剧场内不允许演奏过程中开门,让迟到的人进入,或者在剧场内随意走动。

越是高规格的演出越是如此,懂行的人熟知这个规则,而不懂行的人一进入这个场合,就会被整个现场"镇"住了,他会不由自主遵从规则,不敢造次。

如果会议流程是可以讨价还价的,比如今天这个人讲得很好,大家都爱听,主持人就放宽限制给他更多时间去表述,实际上是剥夺了其他人原本已有的表达时间和机会,强行让所有人变成配角甚至听众。

试问,下次会议的时候谁还会尊重规则?公司的规定形同虚设,又怎么能保证组织的高效运转?

中国人经常说"勿谓言之不预也",意思是,你再这样就别怪我没提前说。可是光警告也没有用,破釜沉舟一扫沉疴,落实到行动上了,以后大家也就心怀敬畏了。

贯穿会议始终的仪式感

想要把一个会议开好，最容易做的事情其实是从仪式感的层面去调整。

中国人常说"开门七件事，柴米油盐酱醋茶"，因为只要你要过日子，这些东西就是必不可少的。会议的仪式感也可以通过简单的几件事情来逐步建立。

但是，我需要提前说明，仪式感应当贯穿整个会议流程始终，从会前准备、会上引导、会后复盘都要有体现，并且需要长期重复，才能以会议作为一个触点，从每一个与会者开始辐射到全公司，建立大家对规则的尊重意识，最后成为整个企业的信任文化基石。

这听起来似乎有点儿难理解，甚至有人在脑海里想象一下，免不了带入到某些理发店早上开门的时候，一群人跳操喊口号的场景，让人感到特别离谱："我上个班而已，有必要这样大张旗鼓吗？"

大家都是成年人，开个会还要这样走流程，会不会太刻板？可是，会议恰恰是工作中长期存在并且频率相当高的事情。

如果通知开会的时候说是 2 小时，每个人都对提前收到的会议流程嗤之以鼻："呵！今天肯定至少开 4 小时！"他们会是什么心态？

若员工对会议流程不信任，对会议组织者不信任，然后对整个公司的规章制度都没有稳定的预期，那么这个企业是不可能做到令行禁止的，整个企业里都会充满模棱两可的灰度。

人是有智慧、有趋利避害本能的，如何让士兵在战场上舍小我为大家？就是"练"，从新兵营开始，通过大量机械化的、程序化的训练，让人变成战争工具，上了战场就得服从命令，让你干什么你就干什么，为整个战略目标的实现承担自己相应的责任。

开会也是一样，真正带来效率和战斗力的，不是规章制度本身，更不是严酷的纪律，而是遵守纪律、执行命令的人。这些人一定是相互信任的，对我身边的每一个同伴的行为有确定性的预期。每一次仪式感的呈现，都是为了强化相应的规则，让大家互相之间建立信任。

那么开会的"开门七件事"有哪些？为了方便大家记忆，我将会议开始之前一定要阐述清楚、达成共识的七个重点归纳为"top rate"即最高速率。

topic：本次会议的议题罗列

本次会议需要讨论哪些议题？是否有些议题是某个与会者暂时不用参与的？没有轮到自己可上会讨论的议题时是否可以离场？

> offline：停机仪式

本次会议是否允许使用电子设备？手机是否需要关机和静音？什么时候可以使用手机？

是否可以携带电脑、录音笔等为上会做记录？如果不能，统一的"停机坪"在什么地方？

> purpose：靶点和会议目标

本次会议的靶点，也即公司一年期的战略目标是什么？这个靶点有没有清楚明确醒目地展示在白板上？

本次会议的主要目标是什么？要解决什么问题？是战略发散层面的创意提报，是战略聚焦上的决策探讨，还是战术执行层面的具体细节？

> rule：本次会议的规则

今天会议的发言规则是什么？保持怎样的次序？发言之前是否要先举手？是否允许发言弃权？发言的格式是否是结论和观点先行，描述和论证在后？

本次会议是否有比赛对抗的环节、评选的环节或者有辩论的环节？双方观点不一致时，是否允许跑票？分别用怎样的规则来保证类似环节的正常进行？

今天的会议采用怎样的决策规则？是案主自己挑选建议，还是采用匿名投票、少数服从多数的方式？老板是否有一票决定权？

本次会议的结束规则是什么？是时间到了就要结束议题？是规定的时间内至少要拿出多少创意？还是说一事一议，前一个议题没有结束，其他所有议题延后择期再开会？

> attention：会前的唤醒过程

本次会议开始之前是否要有集体起立高呼公司价值观或者 slogan（标语理念）的环节？

会前的破冰环节是用游戏来进行，还是集体观看公司的形象宣传片？

> time：整个会议的时间规划

今天的会议总共用时多少？如何分块？时间节点分别是几点几分？什么时候会有休息时间？

每个人会在什么时候有发言的机会？每个环节每个人的发言时间分别是多少？

小组是否有共用的账户时间来发言？轮到自己的时间没有准备好发言内容，是否可以后延两个发言次序？

> evaluation：会议结果的评估方法

本次会议的纪要什么时候会形成？是否需要大家当场签字确认？本次会议是否设置调查问卷？什么时候需要填报交上来？

会议结果挂钩的主要 KPI 是什么？会议决策执行过程中出现什么问题，或者到哪个时间节点，我们会再次召开会议复盘和跟进？

上述这么多问号，是我长期的会议引导实践工作中常要用到的问题。根据每一次会议的不同，我并不会一次性把所有的七件事都摊开来摆在与会者面前。

我要说的是，你当然可以有所删改和补充，但会议正式开始之前的仪式感，你必须要在自己的公司内部形成一套标准的流程来体现。

比如会议的议题、时间规划和靶点目标，这些信息往往在会前通知的时候就发给所有与会者了。为了仪式感的建立，会议引导者依然需要在会议刚开始的时候，再次重申相关事项。

如果你公司尚未形成"时间第一"的基本文化，你甚至需要整理出一套 SOP 的标准流程，从马上要开的第一个会议开始，每次开会之前都要拿出来完整地走一遍流程，固化出一套模式，形成一个"开会标杆"。哪怕一开始很多人不理解甚至挑战你，对此嗤之以鼻，你也要毫不在意地强制要求他们遵守这个规则。

我自己公司里开会之前的"attention"的环节，是要求所有人重复一段问候：

"伙伴们，早上好/下午好！"

"好！很好！非常好！"

看上去很愚蠢对吗？恰恰是这样简单的对话，每个人马上就能意识到，"要开会了，我的注意力要集中了"。这就是一个仪式感，是一个聚拢的过程，也是一个收心的步骤。如果你以前并没有体验过"好的仪式感"会让会议变得有多高效、参会者有多幸福，就请你一定要尝试一下仪式感加持以后的会议状态。

当今企业普遍面临的一个大问题是，员工流失率很高，有的公司流失率甚至在30%—40%。这意味着公司里不断会有新人加入，他们不知道新公司有着怎样的文化，他们对公司最直观的感受就是通过会议来建立的。

所有的效率，最后一定会回到单位时间的价值体现上来。所以，仪式感当中最重要的部分，是时间的可视化。

我非常建议有条件的公司使用具有多功能、智能触摸屏的白板，它不仅可以让参会者直观展现会议资料，还具备白板功能。这类工具都可以放一个即时工具在最显层，你可以随时使用倒计时功能。

如果条件有限，我也建议大家一定要在会议室里放一个计时工具。会议助理可以帮助操控，但一定要在每个阶段都有报时的动作，比如现在议题进行到第几项，我们还有多少时间来讨论，你的发言还剩几秒……

你可以通过不断的报时动作来强化时间概念，通过仪式感的行为逐步建立大家对时间规则的尊重。当每个人都认识到时间是在不断流失的，他的价值呈现是有时间限制的，我们才能通过会议文化构筑企业文化。

遇到"憋不住"的人怎么办？

会议中我们经常遇到"憋不住"的人，我们着重讲3种常见情况。

第一种，是生理上的憋不住，比如困乏、想去洗手间等。我们在设计会议流程的时候应该将休息时间规划在内，越集中精力去输出观点，越容易感觉到疲劳。哪怕不说话，听别人说，也是过一段时间就要休息一下的。

此外，选择开会的休息时间也很重要。比如，学生上课一般都是一节课45分钟，然后休息10分钟，这是最常见的一个时间参考。

美国曾对此展开专门研究，结果表明，成年人高度集中注意力去完成一件简单枯燥的任务，最多能坚持20分钟，然后就会出现错误。番茄工作法正是将一个番茄钟设置为25分钟，时间不可分割、与会者不可做与任务无关的事情，以此来帮助人们进行时间管理。

如果会议并非特别枯燥（如果"是"的话，那么你需要检讨一下自己过去的会议安排），我们通常可以根据会议内容设置不同的休息时间。

1. 上午10点左右、下午3点左右都是比较合适的休息时间，大部分人经过长时间的工作，此时都会困顿，可以安排茶歇。
2. 如果会议进程中信息量较大，尤其是需要与会者经常语言输出的，可在进程开始后的50分钟左右设置休息时间。
3. 男士居多时，可能需要更多时间来抽烟解乏。
4. 中老年与会者较多时，可能需要安排更多休息次数，让他们不必为了"三急"烦恼。

这里特别要强调的是，我们不希望与会者的注意力都集中在预防生理问题上，与其让大家满脑子都是"憋不住了"或者"什么时候休息啊"，你不如提前做好规划，让他们安心投入在会议内容中。

第二种憋不住的情况也不少见，如会上总有人忍不住要发言，而且往往是评价性质的发言，如"你这个观点我一点儿也不认同""说的是些什么不着边际的话"……他会特别想举手发言阐述自己、驳斥对方，甚至会打断会议进程，没有任何预兆地张口就来。

这种人简直是"会议杀手"。一个是他会起到不好的带头作用，整个会议的规则感荡然无存。更重要的是，开会的时候，大家关起门来是为了达成同样的目的，这是一个非常完整、能量极大的场域，如果他憋不住打破这个场域了，再想回到过去的状态就很难了。

在学校读书的时候，第一堂课讲得挺好、自己听得认真。下课后老师收教案走人，学生跑去走廊打打闹闹，10分钟过后上课铃又响起，再重新坐回教室里，把另一门课程的书本拿出来的时候，你会发现没办法马上进入，你总是需要一段时间进入学习状态。

对于那些高职级的人，憋不住发言带来的不良后果往往会延伸很长一段时间。因为新人、年轻人是最有冲劲的，尤其是现在的年轻人动不动就要"整顿职场"，说明这一代人已经习惯甚至享受挑战规则、大胆创新、不服输的感觉了。如果这个时候领导憋不住要评价他们的方案，有的人会当场顶撞起来，有的人则会面上不动声色，散会以后默默打开招聘软件。

还有的新人被这样公然评价甚至质疑一两次以后，他就知道了，你们这个团队就是这么个文化，思考又有什么意义呢？他就逐渐不思考了，慢慢丧失安全感，在企业中失去归属感。

所以，不能让憋不住的人有机会破坏气场，不能让他插科打诨，或者暴起发难，更要杜绝领导憋不住的负面评价。作为引导者，你要保护新人，禁止抨击和主观评价的情况存在。

你要做的，就是严厉。如果你作为主持人，一丝不苟地执行规则，憋不住的人就会对破坏规则感到抱歉，直到成功建立整体的规则感。还记得当年军训时的教官吗？是不是很严厉、规则感很强？军训时的风纪仪容可能是我们读书期间最好的。

正常茶歇放松过后，再回到会场，又如何快速进入状态？

我的习惯是通过节奏控制，尤其是将茶歇安排在快节奏的短兵相接中间。

比如小组比赛、方案挑战的环节，一来一回大家都是要快问快答的，这中间安排茶歇，大家会在稍事休息后马上思考，接下来我要问什么问题、我的方案的重点是什么、我要准备哪些论据。这样与会者的思维还是活跃的，他只是身体得到了放松，能简单梳理过后，用更好的状态继续投入到议程中。

第三种憋不住则是现代人的通病，手机依赖症，总忍不住要看一下屏幕、回个消息。这不仅不尊重发言者，更会影响信息的传达。人的注意力是有限的，低头看一眼屏幕的时间，可能就错过了关键的信息，要么耽误别人的时间给他重新讲述一遍，要么他从此带着错误的认知开会。

我们没有办法强迫每个人在整个会议进程内永远保持全神贯注、毫不走神，但是至少不能让他在会上戳手机，因为一戳就停不下来了。

我的建议是，会前收走手机，和与会的最高级别、最有威望的人提前达成共识，请他带头以身作则。他就是你的靠山，全场的榜样，是你的尚方宝剑，也是你万不得已时可以搬出来借力的和事佬。

越是职位高的人越希望会议能开好，他们参加很多课程、会议，手机收一整天也是可以的。因为没有什么一定离不开手机的事，只是看他觉得哪个事情更重要。

 如何高效开会

你的发言还剩 5 秒

严格控制每个与会者的发言时间,这条规则说起来大家都懂,在做会议流程的时候也会准备好。但这都不是关键,你必须做好的第一件事,就是和对方达成共识。

不是告知,而是达成共识,并且是提前达成共识。如果是领导发言,他知道自己会有这个环节,你当然可以提前和他说明。可是在实际会议中时,经常会碰到与会者和会议主持人、组织者并没有机会提前沟通的情况。

这时,我们需要在会议开始之前简要说明时间安排,然后在每个环节开始之前做好预告。提前确保所有人都清楚地知晓会议时间安排,并且告诉对方,你不可以接触手机。

"不要说你很忙,我知道你有重要的事情,但你既然选择要开这个会,我可以保证会议什么时间开始、什么时间结束,我绝对做得到。"

我在主持上市公司高管团队会议的时候,总会在自我介绍之后马上说明会议整体规划和用时,并且在每个环节开始时都说明下一环节需要注意的时间安排。

比如，给与会者 15 分钟分组共创的时间，在他们讨论前我会说明接下来的发言环节如何安排、每个人的发言时长是多少、发言顺序如何，开始讨论后，我也会一一走到各组，再私下说明一次时间。

我要做的正是提醒他们，你的小组接下来只有 3 分钟的表达时间，请珍惜，请提前准备好 3 分钟就能表达完的内容。

另一个严格控制发言时间的要点，就是公平。

每个人在这个环节中分配到的发言时间必须是一样的，职位高可以多说一分钟，职位低就不让他说话，这是最忌讳的。

如果是表述环节，每个人的表述时间应该是一样的。如果是挑战环节，每个挑战者的提问时间应该是一样的。

但是，表述时间和挑战时间不需要完全一样，这是你可以根据会议内容来调整的。

比如我会设计每组 1 个代表、总计 5 分钟的表述时间来说明方案，挑战者每人在 20 秒内只能提 1 个问题，接受挑战的人则有 40 秒的时间去回应。这个时间只会根据环节、内容设计而统一分配，并不会因为其他因素临时调整。

你会发现，在一开始的现场测试、演练模拟结束后，与会者能很快跟上节奏，每个人清楚地知道自己这个环节可以输出多长时间。

更有趣的是，有些不善于提问的人经常在这一环节暴露出短板，在下一次有机会提问时，他会迅速成长，提前准备好问题。

公平还在于，你有义务提醒每个人，他还剩多少发言时间。

我特别喜欢在会议现场设置一个巨大的倒计时（MAXHUB等智能会议平板一体机都能集成这一功能），发言者可以自己查看自己的发言时间并规划内容。

有的人会在还剩15秒的时候一声长叹："哎，来不及了！"有的人则像嘴巴开了机关枪一样，爆发出巨大的潜能，连珠炮一般表达完。

不论他的职位、级别、年龄、语速，我都一视同仁。当你的发言只剩5秒钟的时候，你会忍不住去反思，"下一次发言我能不能用更短的时间、更好的方式表达更妙的观点。"

只有正向的挑战→回馈→复盘→挑战机制，才会让参与者不断挖掘自己的潜能，深入思考、享受开"好"会带来的各方面提升。

在研究会议中的时间规则这一过程中，我的团队也曾有过分歧。我认为用仪式感的内容建立规则感，遵循先僵化再优化的逻辑，是为了在企业内部建立尊重时间的文化。或者说，我觉得每一次严苛执行规则流程制度的目的，恰恰是为了以后开会的时候不用再提这些死板的、不近人情的条目。

我说："一个优秀的会议引导者，在能够完全熟练地掌控时间以后，如果真的遇到特别好的议题，在大家都同意甚至强烈要求的情况下，是可以有弹性和灰度的。"

比如这个议题特别好，与会者想放弃休息机会，用中场休息的这15分钟拿来讨论，我觉得是可以的。

但是，我的伙伴们说服了我。

首先，会议的时间控制应该是第一准则，这个准则不是一句空话，而是可以写进公司基本法的，甚至可以当成"宪法"一般的存在。法律法规会有灰度吗？不可能。条例的存在就是为了告诉大家这个事情很重要，是不能违背的。

其次，会议文化目前在企业中普遍是一个荒漠，我们要树立的标杆是"好的会议必须是高效的，而效率的关键就是时间观念"。这不是单次会议要达到的效果，而是一个长期建立、灌输和弘扬的过程。我们在意的是如何通过会议建立高效的企业文化，而不是单次会议效果的好坏。

最后，时间准则是没有灰度的，但是把控时间的人可能在操作执行上存在灰度。某些人的确可以为了某一个特别好的议题偶尔超时一次，但不能否认的是，一次超时带来的结果有两点：

1. **你会上瘾**。比如抽烟，医生一定会告诉病人，你不能抽烟，抽烟会对你的身体造成很大的伤害。病人如果回去以后偷偷抽了一根，他就一定会病发身亡吗？答案是否定的，但是病人一旦在脑海中建立"偶尔抽一次好像也没什么事儿"的印象，他一定没办法戒烟。如果与会者要求你超时，偶尔超出 10 分钟好像也没事，但不论是引导者本人，还是与会者，都会对这种弹性产生"心瘾"。

2. **别人对你的信任度降低乃至丧失**。如果规则是被用来找灰度的，就意味着一定有人开始逐渐不信任这个游走在灰色地带的人，也就一定会有人逐渐不信任规则本身。

我记得，十几年前曾经有一段时间，国家的普法工作开展得非常艰难。因为在一些地区执法者的不作为，当地口口相传"上诉也没有用，都是骗人的"。试想，在整个团队的信任基础面前，一个议题的好与坏，还显得那么重要吗？

所以，请允许我再次强调：时间控制是会议的第一要务，时间规则优先于一切。

如果你已经敲定了会议的时间规划，请在引导过程中严格执行。如果执行过程中发现问题，请在下一次拟定会议流程、时间规划的时候，多要 30 分钟或者 1 小时，直到你面对同类型的会议，可以完美地规划时间并控制好每一阶段的时间。

第六部分

会议节奏控制

费城制宪会议议事原则

历史上的政治秩序剧烈变革期往往是各方势力、各个阶级代表需要坐下来好好开会,讨论出一个行之有效并能长期运作的制度的时期。政治交流体制的内容不在我们研究范围之中,但如何让不同诉求、不同立场、不同角度的一堆人能坐下来实现同频,当中的共性点则是我们可以借鉴的。

1787年5月25日至9月17日,北美独立的十三州在费城举行制宪会议,制定了人类历史上第一部成文宪法。

与会的55个代表平均年龄43岁,年纪最大的本杰明·富兰克林已经81岁高龄,年纪最小的代表才26岁。其中30多人出身律师,20多人是银行家、政治家,不少人担任过州长、议员或法官。这帮人不仅要建立一个崭新的、没有封建传统的国家,还要构建一个"好政府"。

精英们秘密开会,争吵了3个多月,其困难可见一斑。但是,费城会议就是能做到有效率、有结果,最关键的因素,恰恰是在正式议事之前,代表们选出了会议主席和秘书,又投票选出议事规则起草委员会。

这帮精英中的精英足足用了3天时间,起草了一份议事规则。5月28日,经过认真讨论,通过了12条议事规则:

1. 议事,出席者不得少于7个州的代表;一切问题由出席代表足够的各州投票,由多数州做出决定;出席者不足以代表7个州时,得逐日休会。

2. 主席就座,代表入席后,秘书即宣读前一天的会议记录。代表起立发言,需先向主席致意;代表发言时其他人不得交头接耳,不得读书、读小册子、读印刷或手写的文件;若两名代表同时起立,由主席决定先听取谁的发言。未经特别许可,一名代表不得就同一议题发言两次以上;若一名代表决定就同一议题作第二次发言,需等在座静听的其他代表把他们对这个议题的意见全部说完之后,才能开始第二次发言。

3. 提出动议,表示附议,都需要重复一遍。若有代表要求书面发言,应由秘书朗读,再开始辩论;宣布表决结果以前的任何时间,都可以收回自己的动议或附议。

4. 读完前一天的会议记录后,即宣布当天的议程,会议或就议程展开讨论,或决定推迟讨论某项议题,然后才能提出其他事务。

5. 一旦开始辩论一项议题,代表只能对这项议题本身提出修改意见,或深入发挥这项议题,或要求推迟讨论这项议题,会议中途不接受其他动议。

6. 一项议题，若内容复杂，经任何一名代表要求，提出者需将议题分解，根据主题，把议题的各个组成部分拆开，逐一划分为单项主张。

7. 对一项议题做出决定之前，即使已经经过充分辩论，只要还有一个州坚持要求，即应推迟到次日再议。

8. 书面发言，若包含要求会议讨论的内容，需先从头至尾朗读一遍，让全体代表知情，然后逐段辩论。若有修改，需作二读，之后再把整个问题连贯起来，或修改，或批准原来的形式。

9. 设立委员会需由投票决定，得票最多的代表，即当选为委员，即使其得票未超过半数；两人或多人得票数字相等时，唱票时排名在前者优先。

10. 全体代表也和主席一样，可以要求其他代表遵守秩序。若要申饬一名代表，也应允许他解释自己的行为，表述自己的想法。一切由规则引起的问题，均由主席裁定，不必征求会议同意，不再辩论。

11. 在一天的会议进程中，任何时候有人提出休会动议，只要有人附议，即予执行，不再辩论。

12. 每天会议结束时，全体代表起立，待主席走过身边后，方可离席。

会议的第二天，经过讨论又通过 6 条补充规则：

1. 未经许可，任何代表不得缺席，以免中断州的代表性。
2. 大会期间，委员会需单独议事时，可以不出席会议。
3. 开会期间，未经会议同意，任何代表不得抄录会议记录。

4. 代表只能查询会议记录。
5. 会议当中的任何发言，未经许可，不得付印，不得发表，不得传播。
6. 提出动议，要求再议已经由多数州投票决定的事情，需在表决当天提出，得到所有的州一致批准，方可再议；否则，需提前一天预先提出，若会议同意，可指定一个后来的日期再议。

以上信息来源于网络，作者姜峰，《东南法学》2020秋季卷。

这18项原则并不难理解，我将其中的主旨思想总结为：

1. **尊重**。尊重主席的权威，尊重发言者的表达内容，尊重与会者的诉求，尊重投票的结果。
2. **妥协**。个人意志需要向集体意志妥协，当议事的规则与同频的目标冲突时，规则需要向目标妥协。
3. **秩序**。维持会议的秩序感，通过一定的仪式和流程来树立会议的至高形象。宁愿延期和逐日休会，也要确保会议遵照秩序进行。
4. **同频**。通过大声朗读、议题分解、申饬前允许解释等动作来保障与会者针对所探讨的议题时刻保持高度同频。

以这4点为主旨，费城会议在多次危机中，在面对各种严重的意见分歧时，依然取得了实际意义上的成功。即便在各州代表的"自私""算计""敷衍"，甚至是"倚老卖老"等各种负面因素的影响下，通过议事伦理和议事规则共同作用，形成了会议组织延续和发展的纽带，让立宪会议圆满谢幕。

今天我们学习费城议事原则，并非为了熟知这18条原则并应用到自己的企业管理中，而是站在后来人的角度去思考，是什么让身份、立场、专业、年龄等各个维度均不同的几十号在普世层面的"成功者"聚集在一起，放弃混乱无序的争吵和无休止的辩驳，通过一定的会议控制技巧来进入理性讨论状态，最终达成共识。

更重要的是，我们要想明白会议控制的实质是什么？它一定不仅仅是战术层面的技巧，更要包含对于这一次会议的思考和规划。你控制的不单纯是会议本身，而是一群各有所长的强者对于达成统一、实现目标的集体意识。在这个过程中，每个人的心理状态被牵引、激发、压制和推动，通过多次会议不断重复和强化认知，最终形成团队的凝聚力和自驱力。

这些，就是自上而下形成的企业文化。

掌控会议的节奏感

我们开会,不是为了讨好谁,而是帮助召集会议的人解决问题。

组织会议一定要从会议召集人的角度出发,而不是看会上来了哪些人,他是否需要成长、需要怎样的成长。经常组织会议的人(尤其是行政人员)时常陷入惯性思维,总希望面面俱到,什么都好,所有目的都想达到——把与会者都服务好。

每个人都不想得罪,最后就容易弄成个"四不像"。老板觉得这个会开得没效率,底下的人觉得这个会开得没意思,行政人员辛苦了半天结果弄得自己里外不是人。

整体会议的规则感建立以后,你需要的是合适的节奏控制。就像玩多人游戏的时候,我们总是需要一个队长来指挥所有人——谁架枪看视野、谁准备炮火吸引注意力、谁佯攻、谁收割。

节奏感说起来是个很个体化的东西,实际上是完全可以通过流程设计、细节把控来实现"规范化"的。换言之,就是只要前期工作做到位,节奏感大部分是套路,剩下的就是应变问题。

 如何高效开会

1. 流程设计

我们经常用一个 Excel 表格做好整个会议的规划，一目了然、清晰明确。根据会议性质、参会人数、总体时长的不同，流程设计上包括但不限于：

a. 分组情况

是否有分组、分几组（奇数还是偶数）、组与组之间是否实力相当、每个组的成员是同工种还是跨部门、不同职级如何分配、是否要有组长、组长用何种方式产生、组长的权利、责任和义务是什么？……

b. 发言顺序

每个组有几次发言机会、每个环节的发言顺序如何确定、发言时是一个组全部表达完还是几组轮流表达、是否保证每个人都有发言的机会、案主/领导者是否要发言/在什么环节发言、发言中是否允许挑战和补充？……

c. 流程细节

时间板块划分、每个板块的起止时间点和时长，重点流程的标注，预留时间的安排？……

d. 配合人员

哪些环节需要人员配合、需要多少人员、怎么配合？是否提前要分发物品？什么时候收取物品？是否有统计和积分的环

节？是否需要投屏互动？倒计时谁来管理和报时？……

e. 会议主题和目的

这部分是最关键的，所以一定要放在表格最前端，加粗、用色块标注！

2. 临场应变

我有一家演出经纪公司，我们以前在做公关活动的时候最怕的就是领导上去讲话停不下来。事先跟他确认好只讲 10 分钟，结果他上去滔滔不绝讲了半小时，整个现场所有人拿他一点儿办法都没有。我们只能缩减后续板块的时间，东抠一点儿西捡一点儿，全程赔笑脸。

后来遇到类似活动，我们都会让销售再三和对方确认流程环节和时间，事先说好，如果领导发言超时不能算我们的过错。我们和对接人的反复强调，也会迫使对方不断找更高级的领导，甚至是找这个发言的领导确定发言时间，这样流程的可控性就高了许多。

突发状况永远存在，流程设计也有一定的滞后性，但我们可以有两种方法不断改善：

- **时间预留**

   对自己信心不是特别充足的时候，可以适当预留一些弹性时间，但这样做的后果就是别人可能对你的节奏控制能力有一些怀疑。

如何高效开会

我的建议是,把时间预留,并打散在关键环节中。比如,发言的顺序按照预计,可能一组5人有来有回,总体4.5分钟,那么你可以预留半分钟,在设计流程时,这一板块安排总计5分钟的时间。

这样每个流程板块的时间节点都能按时遵守,你又能在细节控制时有一些弹性,且这个弹性是不需要告诉与会者的,这样就不会影响你的威信。

可如果你预留了整块的5分钟时间,你就会发现你的流程要改,每个流程板块的时间节点都会因此变化,实际操作中就会非常复杂。这个度的把控,需要大量的实践经验,必须要不断尝试才能找到自己的感觉。

- **复盘总结**

会议节奏控制没办法凭空想就能体会,纸上得来终觉浅,方知此事要躬行。我们只有通过多开会,不断总结经验,同类型的会议你慢慢就能知道了,原来这个节奏要这么控制、临场可以做哪些工作来处理临时的突发事件。

你永远要对接下来要开的会议心存敬畏,因为这是让你不断提升的最重要的因素,未来无法预测,只有你的能力圈一直在增长,你才能游刃有余地面对变幻莫测的未来。

最后我要提醒大家,保持会议节奏感最怕的事情是什么?是有些会议目的并没有达成,但时间已经到了。在会议还有10分钟即将结束的时候,你免不了会去复盘:"今天原定的议题还有多少没有讨论完？"

你会面临一个艰难的取舍，到底是继续开会、哪怕拖堂也要把问题讨论完，让大家今天聊深、聊透，绝不给问题藏匿的机会？还是承认自己流程设计、会议引导的技术还有很大提升的空间，按时结束会议、坚持按照自己的节奏感来走？

选前者，可能领导满意，但参会的人怨声载道，下次开会他能不来就不来了。选后者，可能这次大家都有点儿不爽，但下次你叫他来开会，他还是愿意参与，因为他知道，至少你不会拖堂。

请牢记，对一个组织而言，规则感的建立是最重要的。问题没解决完，你还有机会继续解决，你也不是生来就精通会议引导技术的，承认一次失败并没有什么大不了。

你要有那个自信和胆量按照你的节奏按时结束，然后妥善准备下一次会议，去解决今天尚未处理的遗留问题。你对会议组织、设计、主持的不断尝试和进步，对组织而言有更加长远的意义。

那么如何形成自己的节奏感呢？

> 节奏感＝会前流程的细节设计＋会后不断复盘经验的总结

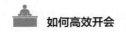 如何高效开会

快节奏 VS 慢节奏

我们在看田径比赛的时候,解说会聊到起跑速度、步幅步频、加速时机、冲刺状态……几乎所有的田径项目都要求运动员在日复一日的训练中找到自己的节奏,然后适应不同赛场、赛事、竞争对手带来的可变因素,在比赛中控制好自己的节奏。

会议也是一样,每个环节的控制都会对整体时长、会议结果产生很大影响。大部分会议都是讲究效率的,快速解决战斗,越短时间开完越能达成共识。但是,如果半天的会议,却要求整整3小时都是快节奏,这就不现实,也不合适。

快节奏就像无氧运动,增肌效果很好,但是对身体的要求很高、体能消耗大。慢节奏的会议则像拉伸和舒展,能帮助身体调节好状态。开会的时候也有节奏快慢的不同,根据会议场景不同,可以选择不同的节奏。

1. 快节奏

如果一个会议,与会者相互之间都是初次见面,并不熟悉,连名字都对不上,那么会议刚开始的破冰环节就可以应用快节

奏的方法。

我们在开会前一定要拿到与会者的名单,请注意,我们一直强调的是与会者人数不要太多,十几人足够了,所以拿到这些人的名单并不难。如果与会者里有不同部门,甚至不同分公司的,他们可能并不熟悉彼此。与会者里如果有明显的不同职级的人,比如高管、中层、基层员工,那个职位最低的可能就缩在后面轻易不开口,或者大家老是说一些空话、套话,相互吹捧。

这种时候,会议引导者就要快速撕开他们的伪装,直击灵魂,让他们剥离原有的身份、部门、工种,先熟悉起来,然后更好地投入会议中去。

再比如需要激烈碰撞、观点交锋的时候,快节奏能迅速调动大家的思维,让大家在攻防之间展现出更多。尤其是决策环节,完全可以快一点儿,刨去评论、解释等环节,直接给到建议,让案主记录下来自己选择,还能避免矛盾。

2. 慢节奏

外科医生做手术,绝大多数时候都是先进行各种术前检查,用X光、CT(电子计算机断层扫描)、MRI(核磁共振成像)透过现象看本质,用内科指标衡量身体情况、找到引起疾病的蛛丝马迹,所以经常出现术前检查两三天,手术台上两小时的情况。

开会也是一样,我们要先抽丝剥茧找到病灶,然后再对症下药。尤其是这个病灶积累比较久、影响比较深远的情况下,我们更要按捺住想快的心,把问题挖深剖细,面面俱到争取把问题一次解决好,不要有后遗症。

当会议目的是剖析弊病、找到真问题时,我们就需要把速度慢下来,仔细寻找发生问题的原因,抽丝剥茧,慢条斯理。

慢节奏就像显微镜,能把问题的细枝末节显现出来。与会者相互之间特别熟悉的时候,一些本质问题可能就在插科打诨之间被偷偷放过了。这时会议引导者就要让与会者对立起来,建立矛盾,让他们不得不交锋,理不辩不明,所以一定要慢,要掰扯清楚。尤其是在剖析探究真问题,或者需要做出重大决策的时候,就一定要把节奏放慢,让与会者通过提问、应答、思考和推翻的过程,找到问题的本质。

总结一下,快节奏的好处是与会者的注意力能高度集中,在短时间里输出达到最大值。期间会出现非常多的碰撞、激发很多思考,大家也会在这种脸红脖子粗的状态里面,投入得酣畅淋漓。缺点就是很可能找错了症结所在,所以大家可能聊得相当深入,但是没解决关键问题。

慢节奏的好处则是大家都能旁征博引,全方位推敲、每个地方都能"抡一拳",看看问题到底出在哪里。缺点则是相对比较枯燥,过程乏善可陈,得出的结论甚至会有些老套。当结论本身的质量比得出结论的速度更重要的时候,要用慢节奏。

在实际操作中,会议一定是根据不同的场景有不同的节奏交替的,快节奏和慢节奏并没有绝对的对错,只有适合与否。

所以,不同的节奏各有各的优缺点,具体到实际操作中,快慢结合需要在前期完善的准备工作的帮助下,落实到会议流程设计的各个环节,这就需要理论结合实际,慢慢找到自己的感觉了。

但是，节奏设计很少是临场发挥的。我们在拿到会议目的、与会者名单等信息的时候，脑子里一定有一个对会议节奏大致的规划。等到设计流程的时候，就会根据场景和功能的不同，定出不同的流程和相应的时间。

不论你偏好运用怎样的会议节奏，不论你习惯用怎样的节奏变化，最终都必须要拿出好的会议结果。战略聚焦会和战术执行会，一定要拿出大家可以共识的决策和执行方案来；而战术发散会，则要拿出一定数量的创意。

我在长期实践中，发现所有的会议流程都是在决策、讨论和执行的三个场景中和功能中组合变化的。我们会在后文按照这三大功能的不同，简要说明如何采用不同的会议节奏提升会议效果。

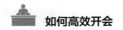 如何高效开会

不同功能的会议节奏

在公司内部管理等实际工作中，会议形式更加多变，流程的自由度也更大，但功能和目的大致可以归纳为以下几类。

1. 决策性

如果会议的目的必须要落在实处，一定要拿出一个决策来，那么这一环节可以采用较快的节奏。

我喜欢用辩论的方式，分成几轮，大家你来我往针锋相对，每轮结束的时候所有人都可以改换阵营，最后得出的决策往往是能服众的。

比如，正反方各有 1 分钟发言的机会，两轮结束以后时间降为 30 秒，最后则只有一句话的时间。每轮发言每个人只有一次机会，不能站起来一直说，也不能躲着不发言，我会鼓励双方找对方最容易被说服的那一个来"对打"。

你会发现，几分钟的时间里，每个人的脑子都转得飞快，有的人甚至在轮到自己发言之前就拿纸笔记下来了要点。快节奏的过程中经常还会有非常接地气的比喻和妙语连珠的表述，

大家投入进去以后，拿出决策也很快。

更关键的是，在快节奏的交锋中，大量关于个人评价、主观感受甚至人身攻击的语句被省略了，能吵的架都在会上连珠炮一样吵完了，到决策执行的时候反而没有那么多异议。

2. 讨论性

在讨论的过程中，大家在不断提供信息、比对信息和研判信息，需要发散性思维的时候，我建议节奏可以慢一点儿。

有选项的时候，人们要做的无非是选择题，但是没有选项的时候，人们要花大量时间和精力来列出各种选项。打破脑洞、讨论议题的时候，就是列选项的时候，注重的是全面、细致，是放而不是收。

比如，议题是"如何改善高架桥上的车辆拥堵现象"，每个人都能提出不同角度的不同看法，这些看法又能落到不同的执行手段上，它并没有"是"或者"否"的二分选择，我们要做的，也只是尽可能提供更多信息、碰撞出更多的点，以供决策者参考。

又比如，在我深入接触的很多公司中，高层和老板之间会有定期沟通的习惯，可以是一对一的，也可以是多人共同参与的午餐会。这种没有特定话题，单纯就是交流讨论，也适用慢节奏。

慢节奏会议的时候，大家并不围绕一个特定主题去攻坚，而是发散性的。大家有很多维度很多思考，这都是正常的，只要不超时，会议引导者就不必打断。

3. 执行性

在讨论结束、决策拿出来以后紧接着的落地环节，布置任务、协调进度等节奏一定要快。

比如会上定下这个项目要做，马上可以问："×××，你有空吗？你哪个时间段有空？这个板块谁来跟进？"

你会发现一到分配的环节，就有人会讨价还价。会有人说困难、说不足，也会有人不断提要求。这时候我们要思考一下，如何尽可能减少这些人对进度的干扰，避免一提反对意见会议就进行不下去的情况发生？

你必须要在充分讨论的前提下，用快节奏的方式倒逼大家站出来。因为这个任务就这么多，大家都认可方案，自然是可以执行下去的，不管你有什么困难，你都必须执行，不要让当事人的犹豫、疑惑、恐惧拖慢进程。

你也可以在会议前事先找到和你同气连枝的人，他们能领会你的战略思想，或者忠诚于你，他们执行力强、工作不打折扣，会上让他们带头接受分配，后面的人就会不好意思扭扭捏捏，落地就会顺畅很多。

如果会议到执行环节，分配任务的时候压不下去，这个公司的执行力是有问题的，与其开会压任务，不如先解决战略同频的问题。

总的来说，大部分会议的流程逻辑是"讨论→决策→执行"。长期的战略决策需要频繁、多次、长时间的讨论来不断调整方向以便最终敲定。这时候一定要不厌其烦，多运用讨论环节，慢下来，务虚一点儿，达成共识比撸起袖子加油干更为重要。

4. 风暴类

需要大家不断碰撞的头脑风暴，对主持人的控场能力要求更高。

中国人习惯在心里酝酿一二再发言，但是风暴类的会议不能这样慢。主持人需要多串场引导大家发言，同时尽量减少自己的观点输出。

在冷场的时候，主持人可以多抛砖引玉，用一些大家都知道的例子，帮助唤起与会者。在别人发言的时候，主持人要做到不去打断，哪怕他语焉不详、说得并不好，只要在他的时间里，在风暴类的场合，都必须让他说完。

虽然风暴类的会议氛围是轻松的，但会议节奏不是松散的。相反，我会认为风暴类的会议现场，节奏可能是需要在大块的时间范围里，由主持人根据实际情况自由发挥和掌控的。

在给出创意的时候要快，这就是我们说的急中生智，有时候让人眼前一亮的创意恰恰是在紧张氛围里忽然冒出的。所以主持人要给到每个人压力，每个人都要提出自己的想法、创意。

如果一个人提出了一个完美的方案，其他人都不发言，只表示赞同，这个创意会其实是失败的。我们要做的是，尽量让每个人都给出自己的创意，以创意的数量来判定会议成功与否。一个完美的方案也不是会议的结束，而是下一场头脑风暴的开始。

在给出评价的时候，节奏又要慢。创意会上的所有方案，没有任何一个人可以当场判定好或者不好，这种高强度的会议节奏，先发言和后发言给人的观感会有很大不同。主持人在控制节奏的时候一定要注意,不要让大家当场给判定,而是尽可能地将创意保留和记录。因为过了一段时间以后,大家或许会有不一样的想法,再看当时的这些创意,很可能钻石变黑炭、河沙埋真金。

如果一定需要当场给评价,会议引导者也要遵循一个说话原则,就是给予所有发言的人统一标准的肯定。你可以让那些畏惧发言、职位低的先发言,你不一定要肯定他的发言内容,但一定要肯定他敢于发言、说真话的行为。同样,在后发言的那些表达欲强、职位更高的人说完以后,你也要肯定他们表达的行为而非内容,这就是一种统一标准的肯定。

最后提醒一下大家,如果会议发起人和主持人不是同一个人,我们也可以根据会议目的来选择。最好主持人就是项目负责人,尤其是业务相关的内容,负责人一定比第三方更了解各种关键点。

有些无关业务或不需要当场拿出方案的讨论会,是可以请第三方从旁协助,引导大家达成会议目的的。比如团队建设的会议、以学习为目的的会议,甚至一些不得不运用外力打破僵局的会议,专业的第三方主持人,可能会给你意外惊喜。

在会议节奏的把控上,重要的不是照本宣科,而是你能通过学习、领悟、实际操作,找到自己的方式方法。

第七部分

会议结果落实

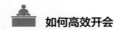 如何高效开会

两个基本原则：SMART 原则和 PDCA 原则

讲了这么多怎么开会的内容，并不意味着我们的会议引导工作在会场内就结束了，对于会议结果的把控，仍然是一个称职的会议引导者的必要工作，甚至是重要职责。

会议的结果当然跟事先的规划和会议的过程有关系，但我们仍然可以用经典的几个管理学原则来衡量一个会议是否是成功的。

1. SMART 原则

SMART 原则应该是大众认知度最高的目标管理执行原则，也是会议决议标准。具体来说：

S=Specific，目标必须是具体的，是绩效考核要切中的特定的工作指标，不能是笼统的。

M=Measurable，目标必须是可衡量的，验证这些绩效指标的数据或者信息是可以获得的。

A=Attainable，目标必须是能够实现的，避免设立过高或过低的目标。

R=Relevant，目标必须是和其他目标相关的，绩效指标必须是与本职工作相关联的。

T=Time-based，目标必须有明确的截止日期。

一个有效的会议一定要有具体需要解决的问题，务实的层面可以是具体的决策，务虚的层面可以是战略规划的方向探讨，但是不论如何，会议一定要"有所图"。

衡量这个目标的维度也很简单，是不是有具体决策、是不是落实到人，战略方向是不是获得了大家的认同、达成阶段性的共识，这些都可以衡量。

至于会议决策是否可行，是否对公司大局有益，是否有具体的截止日期，这都是非常容易实现的，这里不做赘述。符合SMART原则的会议，我们就可以判定为成功的会议。

2. PDCA 原则

PDCA是执行层面的经典指导原则，每一项工作都需要在其框架内不断调整和改善，也是会议决议的执行标准。具体来说：

P=Plan，你需要事先有个计划。

D=Do，你必须实施计划、落实到位。

C=Check，你需要不断检查计划实施的进度和效果。

A=Action，你必须根据计划完成情况有所调整和行动。

我举个简单的例子，现在公司有一个重要的项目在推进，你是项目负责人。那么，你要做的第一件事情，就是拟出一个大致的计划，比如这件事情我一个人能不能搞定，是否需要其他人帮助，如果需要其他人帮助，我需要找哪几个部门，请求他们分别帮助我解决哪些问题；这个会议我需要长时间，会议流程怎么制定，会议最少要达成什么目的。

第二步是开会，把这些人邀请来我的会议，按照我的既定计划按部就班解决问题，这就是落实到位。

接下来则是根据会上的结果找到每个相关人员，逐步推进，定期收集进度并归总为项目进度，看看哪里卡住了，再根据相应情况再次开启 PDCA 的循环。

实际上，PDCA 不是一个方法，而是一种"形成闭环"的意识，意思是每件事情一定是有始有终、有意外发生、有问题解决。这个原则长期应用在企业管理的方方面面，我相信大家都不陌生。

我要强调的是，PDCA 的周期才是关键。没有异常情况的时候大家按照计划执行就好，不需要开会。当这个循环不通畅的时候，尤其是你作为项目负责人没有更好的想法的时候，就可以跨部门邀请其他人来参会。

我个人偏好每周进行一次 PDCA 的循环检视。当然，每个行业各有不同，比如快消品行业可能会议间隔更短，而有的行业可能长时间都不会有明显进度，所以大家一定要根据自己的实际情况来找到适合自己的节奏。

2022 年 9 月 28 日下午，在美联储疯狂加息，所有非美元货币贬值的时候，韩国央行宣布救市，表示将购买最多 3 万亿韩元（21 亿美元）的主权债务，政府宣布紧急回购 2 万亿韩元的债券，同时表示准备启动股票稳定基金等多项举措。

以前韩国银行只需要每天报告3次外汇头寸，分别是上午、午休时间和收盘后，新的监管要求各大银行每小时报告一次美元交易外汇头寸等实时数据，以加强对韩国外汇市场的监控。

这就是非常高频率、短周期的PDCA循环。这种循环越频繁、周期越短，循环链条上的每一个人所面临的压力就越大。反之，PDCA循环周期越长就越容易懈怠。如果你的公司有轮岗制度，你可以仔细复盘一下，或者测试一下，员工在每个月轮岗的时候的状态和紧张程度，一定远远高于半年轮岗一次。

当亟待解决的问题已经告一段落，各项数值都稳定以后，就可以减轻大家的压力，取消这种高密度的PDCA循环。这里面也有一个经常被大家误解的点：PDCA循环的本质是什么？

我觉得并不是每一项步骤和流程，而是一种稳定的状态，是这个项目是否走在正轨上。如果是，你其实不需要开会也不需要循环，你只需要统计关键的数据就行了。

我自己的公司有周会的习惯，就是每周一次PDCA循环，但我发现有些员工在统计数据的时候就会把步骤当成结果。比如项目是稳定的，他却仍然要耗费时间去统计一些没有太大变化的数值，看上去表格是挺丰满的，实际上没有任何指导意义，后来我就一律要求大家，不重要的数据不需要统计，更不需要展示和讨论，效率提高很多，大家也更专注于解决问题。

想要让会议有一个好的结果，我们一定要明白，越是务实的会议，会议结束就越要拿出来具体决策，并且一定要有一个执行责任人。比如会议定下来了项目推进方案，就一定要定出来一个项目责任人，项目可以有很多人共同执行，但责任人只能是他,由他来决定具体的执行方案,要不要检查,要不要再拿出议题上会讨论……

如果他觉得自己就足够了,那么授权给他,责任也要压给他,他自己在执行过程中发现问题了,可以自己解决,他可以决定要不要在项目团队内部开会讨论。他不需要召集其他部门的人,甚至是高管、老板来开会,除非他认为有必要。

如果他觉得执行结果不理想,那么企业可能就需要像上一次开会定出这个项目决策那样,重新复盘、重新分析讨论,甚至重新定一个负责人。

这中间一定要注意的是,我们只能用结果来证明这个负责人是否称职,必须以终为始,而不能就执行过程中各自的主观感受来予以批驳。比如项目定好10月1日拿出什么结果,我们就只能在10月2日开会审评完成度,你不能因为看不惯、觉得他进度慢,8月1日就蹦出来说"不行,赶快开会,你这么做不行,要改"。

这不是他的问题,而是你太急了。

请一定记住,好的会议一定有个落脚点,不是思想的同频就是方案的执行。你必须尊重会议的结果,耐心等待你期望的成效从会议的土壤中发芽,经过执行的浇灌、照料,最后使集体获益。

为什么落实难?

会议通过的决策,也就是会议的结果,如果以"不出错"为前提,就是极大的错误。因为没人能保证决策不出错,以正确率为前提就会导致没有人敢做决定。更合适的前提是在同频的基础上,让大家共同承担决策和执行的风险及收益,并且一定要给到一个确切的截止日期。

在执行环节也是一样的,如果大家都害怕出错,害怕承担责任,没有具体截止时间的要求,再好的决策也不会带来绩效的提升。

常见的造成会议决策执行不到位的原因有下列几种,我们分别简述如何应对。

1. 奖惩不明晰

会议开得不错,计划也定好了,但是没执行下去、不了了之,这也是另一种意义上的会议结果不佳。这往往是因为给会议结果负责人(项目责任人)的奖惩不明晰,甚至干脆没有奖惩。

没有利害关系，当然没有什么执行决议的动力。既然选出来让他负责，就要给到相应的赏格和红线。其他人给到的建议他可以选择是否参考，自己制定最后的计划以后，如果执行得好、结果理想，负责人也要有好处，反之亦然。

就像立军令状一样，这个奖惩措施最好是由责任人自己主动提出，并且在会上就要通过，大家都要充分知情。

比如这个负责人说："老板，如果我做到3个月增加100万的营收，我希望拿20万奖金。"老板就要去估计一下自己能否接受，因为这个金额他有可能是乱说的，或者说盈亏不平衡，老板就需要有个自己的判断过程。如果会上能定下来，最好会上敲定，实在没办法、需要财务核算的，也要告诉所有人，会后敲定以后会公示。

我们要注意，无伤大雅，或者略超出自己期望值的要求，老板都可以尽量答应。因为你要的结果是这件事情能做好。

但是，你可以在他提出的这个要求上，多准备几个选项。就好像通信公司办手机话费套餐，都会给不同梯度的几个套餐，100元、120元、150元等等。我们给责任人的赏格也是一样的道理，达成120%奖励多少，达成80%奖励多少，你可以给他不同梯度。

赏格要在下压责任之前，也就是说，如果这个原定的责任人对赏格不满意，他是有权利提出后撤的，他可以不再担任责任人，但是相应的，我们要做好再次悬赏，甚至再次开会的准备。

最理想的状态是有很多个素质不错的员工跳出来主动竞选

成为负责人，如果公司资源允许，也可以用赛马机制来鼓励他们竞争、各显神通。

2. 缺乏挑战、没有竞争性

同时，对会议结果的把控也不能只用奖励这么一个手段，而是要恩威并施，我的建议是：

如果这件事情本身难度很大、对方非常希望挑战、主动承担责任，你可以给他大奖小罚，甚至干脆没有惩罚措施。

如果这件事情对他来说稍微有点儿难，需要他跳出自己的舒适圈，要稍微努力一点儿才能实现，你可以给他小奖小罚。

如果这件事情是在他能力范围之内的，很容易就能做到，你就要给他小奖甚至无奖，但做不到了要大罚。

一旦这种对赌机制成立了，老板就可以跳出吉祥物的设定，换为一个有丰富经验的前辈，给这个项目负责人一些建议，采纳与否由后者自己决定。这个环节可以在会议最后结束的时候，老板用一两句话提点一下即可。

3. 没有"警戒线"

这里还要注意，务实的会议，比如战术执行会议，结果往往是有具体措施的，那么我们就必须要在定清楚 KPI、OKR（目标与关键结果）之余，还要列明红线——哪些现象是绝对不允许的，哪些结果是我们完全不能接受的？

红线不宜多，一两条足以。红线多了就像是自己套在自己脖子上的枷锁，会给管理带来更复杂的流程和更多桎梏，只要用一两条合适的红线表明这个公司是有底线的，态度鲜明即可。

会议结束、决议敲定，大家最好能在会议记录上签字，一方面表示知情；另一方面表示，如果是需要自己执行和自身利益相关的，就需要签字确认。

务虚会议虽然不涉及责任，但能通过会议让大家达成共识，最后再有一个签字的仪式感，也会帮助团队凝聚向心力。

我们希望通过会议引导技术实践，让企业能会开会、开好会，能帮助团队从利益共同体，变成事业共同体，最后步入命运共同体的叠加状态。一荣俱荣、一损俱损，让员工在企业这艘大船上充分实现自我价值。

> **思考题：**
>
> 你参加或者你主持过的会议，有没有以"不出错"为前提的？
>
> 请对这类会议的效果打分，最低 0 分，最高 5 分。

权责利的匹配

我一直强调开会一定要讲究效率。如果说会议本身的效率是时间短、讨论充分和同频决策,那么会议最终的效率就是会上决策落实到位,实现整个企业在关键指标上的提升。

很多企业主找到我,他们为同一件事烦恼:明明会开得还算不错,会上也拿出决策了,怎么到会后往下执行的时候,出来的东西就变成"四不像"了呢?

我们团队讨论过如何从顶层会议的设计角度来解决这种普遍问题,最后发现,会后传达和执行的走样,实际上包括两层原因。

一种是会上得出的决议本身就有问题,它会导致信息传递的枢纽和执行决议的员工被动失真。

另二种则是决议相关责任人的权责利不匹配,从而导致落地过程中的相关人员主动失真。

我们没有办法保证决议落地完全不走样,但在会议层面,做好了下述两点,或许能有效减少走样的情况。

1. 决议要符合 SMART 原则

你有没有听到公司里有类似对话：

"小王，今天领导们开会，我们马上要做这个方向，你先做吧，做成什么样再看。"

"小周，这个项目要不就你来牵头，反正上面也没给具体的要求，你就凭感觉先做起来。"

…………

如果我是小王和小周，我一定不会好好做，因为我得到的信息是模糊的、不明确的。我只知道要做，但完全不知道为什么要做，更不知道对方期待怎样的结果，所以我要么扔给再下面的人做，要么就拖。

这就是我要说的，会上的决议，首先必须是可以实现的，然后必须要满足 SMART 原则。

一个参会人员自己都不认为能实现的东西，他必然不会好好往下执行。所以，我们需要高效率地开会，通过充分讨论、集体决策的方式，来让多数人达成共识，摸索出普遍认为可行的方案，再往下执行。

SMART 原则，则是保证这个方案能够有足够的信息传达到相应责任人，让他们有的放矢。

这个方案必须是具体的、可衡量的、能达到的、和其他目标有相关性，并且最关键的是要有明确截止期限的。

首先是得有一个明确的责任人，不能下面的人抓壮丁，然后是告诉负责人你什么时候至少要做成什么样子，接下来到什么状况了我们可以再开会讨论。

只有这样才能让信息像一束光一样，精准地传递到责任人或者执行人手中，而不是散射状态，大家略知一二，但两眼发黑。

2. 决议下放时权责利也要匹配

项羽和刘邦其实都是挺厉害的管理者，但二者有个特别大的不同。《史记·淮阴侯列传》所记，"项王见人，恭敬慈爱，言语呕呕，人有疾病，涕泣分食饮，致使人有功，当封爵者，印刓敝，忍不能予，此所谓妇人之仁也。"

意思是项羽知人善用，对有才能的人很欣赏恭敬，但是不肯给到相应的待遇和利益，官印捏在手里磨圆了都不给出去。

刘邦则不同，早期封了八个异姓王，最后得以功成。

我们的企业主在面对决议执行的时候，经常落入俗套：责任总是最先发下去的，权力是第二位，但到了钱的时候，就开始含蓄了。

那些参加上层会议的中高级管理者，在自己的部门内都有相应的权力，也能做到一言九鼎。只是在涉及个人收入的时候，大家好像都羞于启齿。

我访谈过很多企业，我发现做得特别好的公司都有一个特点，就是舍得给钱，总是给到员工，尤其是项目负责人超出预期的收入。

所谓权责利的匹配，说起来很简单，就是告诉对方这个事情你做到 100 分有什么好处，做到 80 分有什么坏处，做到 120 分有什么额外奖励，最低的红线是什么，为了做这个项目，你可以调动哪些资源。

但是，实际操作过程中，大多数的情况却是这样的：

项目或任务下压的时候并没有取消负责人身上原本的任务，这就等于负责人新接的任务不能出娄子，原本的工作还得照常完成。最麻烦的是，上面下压的任务，做不到会有很大的坏处，但做到了，对负责人个人的收入提升并不明显。

负责人只是背了这个任务，领导又想马儿快快跑又舍不得给马儿吃草。

这就是权责利不明晰，重责轻利，则是导致执行走样的最关键的因素。

项目负责人失去了自由调动资源的权力，尤其是自由支配自己工作时间的权力。如果再得不到相应的个人收入的提升保证，任谁都会忍不住糊弄，而且下一下次开会的时候他完全有理由可以拿出来。

会议的作用就是把资源拿到台面上一字摆开，让大家有清楚地认知，我们有多少炮弹可以打，我们有哪些阵地要攻防。

我们在私董会中强调，任务一定不能是单方面地下压，领导一定要多问一句，在这个时间点实现这个关键指标，有问题吗，需要高层给哪些支持？

同时，也要给到对方一个可以讨价还价的口子。比如对这个任务没信心，可以尝试，那么高层就要做好准备，降低期望值，降低部分资源支持，也要允许责任人只完成 80%。

你要给他足够的认知："我会帮你，但我不会无条件无底线。"

会上高效率做出的决策、定好的目标方向和绩效红线，到会后执行环节如何保证这种高效依然贯穿全程，我觉得问题的关键就在于两点：

1. 领导层给到责任人完成目标的资源支持和个人利益，并且优先给足利益。没钱，就不要定太高的目标，少用虚无缥缈的大道理给员工洗脑。
2. 会上用 SMART 原则来保证定出的目标可以实现，尽量减少传达环节中因为个人理解力不同而产生的浮动信息。

会上精准有抓手，会后大方有底气，责任人在明确匹配的同时，通过给到权责利的综合激励，就会减少传递失真、执行走样的情况。

我们只能在会上用这两种方法尽量保证不失真，但我们永远无法排除这种情况，有一些格局小的管理者，就是喜欢独占功劳、拼命往下压任务把员工当工具人的。

我敢说，如果整个公司的氛围是权责利明晰的，这样的人兴风作浪的空间会小很多。最后，老板承诺的授权和奖励，一定要在约定好的时限内遵守，不能拖延，不能讨价还价。

如何高效开会

> 💡 **思考题：**
>
> 你觉得自己或者自己部门的执行力如何？请按照最低 0 分，最高 10 分打分。
>
> 如果分数低于 6 分，你觉得执行不到位的最大原因是什么？

项目主管要为结果负责

前文我们提到,每个管理者都必须要掌握最基本的高效引导会议的方法,尤其是项目主管,最好就是会议的发起人和引导者。

所谓的负责人,就是"负责任",一个决策会议一定要落脚到实际的经营管理过程中,一定要达到目的,才是成功。换句话说,决策会议只有成功和失败两种结果,没有所谓"比较成功""还可以"等折中的状态。

会议议而不决就是失败,但会议决而不行,算是成功吗?

只能说这样的决策会作为会议本身是成功的,但一个优秀的企业不能只有会议层面的成功,还是得将会议的结果变成经营的结果。这当中的关键点,就是项目主管,即会议负责人。

项目主管需要整理出来详细和准确的会议决策和相关任务,包括策略目的、时间节点、相关人员以及各自的绩效等内容。记录的工作可以通过工具,或由记录员来完成,下发签字也可以由专人代劳。确认每个人都知道会议的决议,知道自己该做什么,什么时候大家要暂停一下手上的工作,开一个进度会调整各自的工作，继续配合最终让整个项目有好的进展，则是项目主管的主要责任。

他甚至不需要自己亲自参与到具体问题的解决过程中，只要根据会议结果安排工作，做好检查督导，安排进度会调整大家的KPI就行。

所以，数据到事、责任到人，这些整体把控上的工作，是项目负责人后续工作的要点。我认为，把事情做好只是一个优秀的项目主管的基础职责，你更要做的是通过你的管理，让会议结果有所保留并能延续。

大部分公司发展到一定规模就会进行知识库的整理，也就是一个又一个项目从头到尾的记录工作。这个记录不是简单的时间地点人物事件结果，而是从起因到过程，每次会议都有详细的会议过程、会议纪要和执行结果的留档，并且是有专人以知识库的形式录入到公司文件中，最终在整个公司层面形成制度。

这个责任人，就是项目负责人。这个制度，就是每个企业自己的基本法。

从立项开始，项目主管就要开始准备项目文件的全部内容，包括协调、会议、执行等所有相关的人、事、财、物。进度会上一定要有复盘的动作，这里主管一定要牢记两个要点：

1. 数据指标和进度是基础的。
2. 项目经验制度化是必要的。

第一条很好理解、大家也比较熟悉，这里不做赘述，我着重讲解第二点。

一个项目在进行过程中，一定会出现一些意料之外的情况，大家才会需要通过会议的方式来解决问题，否则通知即可，不需要召集相关人员坐在一起动脑子。那么，复盘过程中一定会有差异化的东西，比如，跟过去不一样的处理方法，不同寻常的思维方式，甚至是过去没有注意到现在浮出水面的问题。这些东西是可以作为项目经验的，具体可以分解成两部分。

第一部分是经过讨论、大家认可以后，是可以作为公司的基本做事准则、列入公司基本法进行细致的规定的。这就需要记录员做好实时更新的工作，项目主管要确认这个基本法是写好了以后随便来个人就能照章执行的。也就是说，每次复盘的时候，项目主管要有意识地拿出基本法，随时准备更新相关内容，逐渐形成傻瓜教程。

第二部分则是全文记录。会议的结果很可能只会落脚到当下可以执行的、具体的两三条决议中，但是一帮人是遇到了什么问题才必须要开会，会议过程中分别站在什么角度提出质疑，大家又是如何进行辩论或者共创，运用的手段到底是匿名投票还是一对一挑战，最后又是如何达成共识……

这个过程其实比你想象中更有价值。人的思维就像脱缰的野马，动起来是非常快的。如果只记录会议结果，我们很可能在未来的执行过程中产生疑惑：

当时为什么会出来这个结果？为什么我们会这样思考？

紧接着我们会因为这种疑惑而在执行过程中犹豫，这其实是会降低效率的。

　　现代人总是好奇古人过的是怎样的生活，我们可以通过文学作品知道陶渊明喜欢菊花，但是我们不会知道几几年几月几日他出去见了什么人、做了什么事情、说了什么话。我们可以在《清明上河图》上一窥宋朝人民的生活，但不可能知道画上的商贩那天到底卖出去什么。

　　因为这些都是一个结果，是一个片段。可是我们可以通过皇帝起居注清楚地知道哪一天这个皇帝吃了什么、见了什么人、发了什么火，因为起居注是必须如实记录的，写这个记录的人往往有着极高的责任心和追求，就像司马迁一样，管你皇帝怎么施加刑法于我身，我就是要求实求真。

　　所以数千年后我们能自豪地宣称我们有上下五千年文化，因为这是有记录的，尤其是一些帝王勋贵，记录是非常翔实的。我们可以根据翔实的记录知道事情的前因后果，从而勾勒几千年前古人的性格和喜好，逐渐补全历史人物的形象。

　　项目主管要为结果负责，也要注意尽量形成我们自己的"卷宗"。录音、SaaS 工具（指一种基于互联网的软件服务模式）、企业微信等很多工具都可以帮助我们，以投入极小的成本实现企业数据库功能。

　　复盘是为了企业将来能够形成核心竞争力，项目主管经手的文件，最终都要经得起推敲，一定不能为了复盘而复盘。

　　如果没有会议记录整理公示最终制度化、标准化的过程，你会发现老板总是会因为想不起来讨论的起因和过程而随时推翻已经形成的决议。

将集体智慧沉淀成核心竞争力，然后在全公司范围内使用，这才是复盘的关键。这也是项目经理要高度负责的最有价值的结果。

华为为什么总是敢于大胆起用新人负责挑战性的项目？一方面，这是他们的人才培养计划中的重要一环，另一方面，《华为基本法》是无数前辈实践、复盘过后整理总结的心血，它形成了足够庞大的信息库，新人可以拿来就用。所以，他们可以直接派一个新手负责一个国家的开发计划，因为这个新手并不是从零开始，他手上有足够多的"锦囊"告诉他：这个人、这个公司有什么特点，你要去拜访几次，你可以按这个话术去讲……

这些毕业于各大高校的人才本来就是人中龙凤，在成为"华为人"以后，他们也不需要老人传帮带，他们站在前人的肩膀上，自己就是"一支队伍"。

"沉淀"这两个字是复盘的关键，不论是经验还是教训，都需要不断沉淀和补充。好的地方要形成机制去沿用，不好的地方要研究如何避免、如何解决，不要让你的企业在同样的地方再犯同样的错误。

公司的结果≠会议的结果，这中间的差距，需要每一个项目负责人、每一个管理者像精卫填海一样逐渐补足。

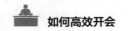 如何高效开会

老板要尊重会议结果

中国企业的领导层有个常见的弊病,就是不尊重会议结果,尤其是老板自己特别容易率先发难。

会议定出负责人以后,他会有自己的执行计划和节奏,他是有时间节点的,他也预估了,大概在什么时间之前他牵头的这个项目要达到什么结果。

这种时候往往不是与会者、配合部门的人员对他不尊重,恰恰是老板自己忍不住要在会后指手画脚。

他经常会评论这个负责人的计划实施情况,请注意,是评论而非复盘。比如:"我觉得你这个方案思考得不够全面""你为什么要用这个人来做这件事,我不看好他""你这个实现不了的,太理想主义了"……

要知道,开会的时候,老板是"吉祥物",是不可以参与讨论的,尽管拥有一票否决权,可你没有在会议当场行使这个权利,就意味着你已经默认集体决策的结果,你同意这个人来主导这个项目。原则上来说,除非项目负责人召集会议、寻求你的帮助,否则你和项目一点儿关系都没有。

那老板为什么会忍不住呢？一种情况是，老板的权利欲望过大，比如掌控欲、表现欲，甚至是表达欲。

如果一个老板不能接受员工采用和自己完全不同的思维方式、逻辑框架和管理方法来达成目标，他将永远无法从员工和团队身上获得惊喜。

你不需要什么都按你的来，你更不需要每个人都是缩小版的你，否则你开公司干什么？CRTL+C（复制）再CTRL+V（粘贴）是不会让企业变大的，因为你已经决定了所有人的上限，你自己就是那个天花板。

我自己也有亲身体会。以前开会的时候我往往会带着自己的观点参会，会投入到会议内容本身，尤其是对发言人的表述逻辑有着吹毛求疵的挑剔。你会发现很多老板习惯这样，带着成熟的决策去跟高管来谈。对方提出异议，哪怕并不是反对意见，只是站在其他的角度探讨一二，老板都会逐一反驳。

凡是你提出来的方案我都要说服你，本质上这不是沟通更不是会议，而是老板证明自己决策正确性的一场个人秀。那个被抓去秀场成为捧哏的管理者一定不会有太大收获。

自信的领导者往往会享受说服对方的过程，这是我们都需要避免的坏习惯。

你真正要做的是尊重会议结果，同时准备好成为它萌芽、生长、挂果路上的沃土、肥料和阳光雨露。

另一种情况是，会议结果下到执行层面，一段时间以后好像不是特别理想。有的老板就会沉不住气，忍不住下场亲自带队。

我在合肥有一家文化传播公司,自从 2020 年以来,我已经快两年没有去过这家公司。我的管理经验是,提前教会管理层会议引导技术,在强迫自己抽离执行层面之后,引导所有管理层将重心放在"理"而不是"管"上。

合肥同事们会定期给我报表,上面有两个关键性的指标,一个是时间进度,一个是目标进度。后者很好理解,每家公司都有,而前者则是"理"的关键。将时间作为一个重要的参考项,你会发现目标进度从二维变成了三维,如果目标进度落后于时间进度,大家当然会追赶,而当目标进度超前,他们会主动调整、提高目标。

我非常欣慰,因为合肥的伙伴们已经养成了这样的工作习惯。

老板一定要清楚对你自己而言,管理公司的关键指标是什么,如果是某个项目重要到让你可以废寝忘食,那么一开始你就不应该作为老板参会,而是剥离老板的角色,作为项目负责人抓好项目的方方面面。

反过来,如果你的关键指标是公司的综合发展和长远利益,我非常建议你像我一样,脱离执行者的身份,转变意识,去理清楚你的战略目标是否正确,你的团队是否和你同频,他们的战术方针是不是经过他们自己的充分讨论的。

汽车的仪表盘上会有很多数据显示,开车的人都知道自己不会每个数据都看,胎压报警的时候你会检查,开车的时候你会看速度,这就是 KPI。

员工要对自己的 KPI 负责,老板也是一样。我能够离场管理一家数百人的企业，靠的就是这种齿轮效应：集体决策、会议引导、大胆授权、各司其职、数据掌控和战略同频。

如果这个会议决策是员工自己定的，哪怕你觉得万般不同意，也要告诉自己，你必须尊重这个决定。这不是单一的某个具体的决策，而是一种对集体决策的尊重，企业文化一定是这样自上而下建立的。说白了，就是一句话："决策之前充分讨论，决策之后严格执行。"

老板要避免的是过分关心细节，就像员工要避免只关心自己身上的数据，对公司的发展规划毫无兴趣。

如果你清楚地认识到自己在这方面值得提高，我也有一个办法帮助你避免亲自下场干预会议结果。

你可以在会议结束前预留给你的几分钟时间里，多问一个问题："你们觉得执行阶段出现什么问题，需要再次开会调整策略？"

别小看这句话，这是会议执行结果，也就是项目进度管理中，最重要的一个指标，我叫它"异常概念"。每一个需要集体决策的事项，一定因为是过去没有太多成功经验，大家需要摸着石头过河的。也就是说，大家可能会知道"什么是好"，但对"什么是不好"没有清晰的把握。

当你对会议的结果没有太高期望值时，要求项目负责人给所有人一个异常概念，就是在告诉大家，执行结果出现这样的情况，就说明我们过去的决策可能有问题，我们需要再次开会进行周密的分析复盘，看看到底是修补问题，或者推倒重来。

老板心中有这个异常概念时，往往会对会议结果有较高的

如何高效开会

容忍度,就算进度不是那么符合你自己的预期,你也有一个理由说服自己:"还没到最坏的时候,再看看。"这样就能避免老板干预会议结果。

请记住:你不尊重会议结果,以后就没有会议结果。

第八部分

极端情况处理

会而不议

一次我在和上市公司董事长讨论会议效率的时候，我说大部分企业开会都有三大痛点：会而不议、议而不决、决而不行。

我说，会而不议就是大家不知道要讨论什么，或者开会的时候没有人愿意发表自己的观点，这种会议是对时间成本的极大浪费。他说："那我公司还好，我们倒没有这种情况。我们开会大家经常吵得不可开交，还有脸红脖子粗的时候呢。"我好奇地问他："那你们公司的决策机制是什么？吵成这样怎么得出一个结果呢？"他说："我们公司有一个决策委员会，每次开重要会议的时候一般五六个人上会，包括董事长本人、财务老大、人事老大、销售老大和一个主要业务支持的老大。"

"董事长有一票决定权，最后我来拍板。"

所谓"一票决定"的意思，不仅仅是一票否决权。在他的解释中，这个一票决定的场景是很宽泛的。比如一件事情，其他几个人都觉得可行，而他持反对意见，则可以一票否决；反过来，如果他们几个都认为不应该做，但他本人信心十足、特别看好，也可以行使权利，强制其他人执行。叫我说，这不叫

"会议",这叫"假议",实际也是和会而不议一样的结果。

咱们分情况来讨论。

首先,已经存在"决策委员会"等专门承担决策职务的企业,普遍都已经上了一定规模。这些委员讨论的决策往往并不涉及具体的执行环节,而围绕战略方向等重大内容进行。在这样的环境中,会议如果出现"假议",就如我这位董事长朋友一样,各说各的最后由他一票决定,其实委员会相当于形同虚设。

尽管他认为大家上会讨论了,出现分歧的时候吵得不可开交,这就算一个很不错的集体决策的会议,但本质上,因为"一票决定权"的存在,整个会议的讨论主题,不是董事长在说服别人,就是别人试图在说服董事长。最后赢的人一定是那个有一票决定权的人。

其次,大部分企业常见的会议,恰恰是针对战术层面的决策敲定。这时上会讨论的人,往往只有两种角色:项目负责人或实际执行人和给到建议的人。这时出现"假议"的情况,往往是因为会上最位高权重的人,对自己的角色认知不清。

开会的本质应该是一群人商议一件事情,给出不同角度、不同出发点的观点,由一定的机制来拿出决策。

项目负责人或实际执行者,对决策执行环节可能遇到的问题非常有经验,他们知道怎样的建议更好落地、怎样的建议是重要但不紧急可以后面看情况跟进的。他们才是真正拍板的人,也是最应该拥有一票决定权的人。因为他们和执行结果有很强的关联性,其绩效就是落地的效果。他的权力、责任和奖惩都与最终结果息息相关、高度匹配的。

此时会议对他而言最大的价值不是一堆人来"教他怎么做事情",而是一群不同工种、不同出发点、不同视角的人来帮助他看待同一件事情的方方面面,用各自的经验和专业来帮助他完善脑海里项目落地的蓝图。就像画画一样,他做了一个构图和粗略的线稿,由集体的力量帮助他完成细节修改和配色建议,最后落笔还得是他本人,需要帮助的时候可以再请求这些人协助。如果他根本不需要别人的建议,这个会甚至完全不用开。

另一个角色则是建议者。

如果这个项目需要大家集体决策、共同担责,是可以通过提前确认一个决策机制来避免"假议"的。比如大家常用的少数服从多数,只要这个拿出决策的方式是大家提前认可并达成共识的,即便最后投票的时候一方5票另一方6票,这个会议依然是成功的。少数方必须遵守约定,推进多数方的决策执行。如果分歧特别大,我们还可以通过后续会议调整来缩小分歧,推进项目落地。

这种会议常见于项目负责人需要多方建议来拓展思路或提供帮助,他可以选择合适的决策来操作,但建议者永远无法代替他甚至强迫他来决策。有些老板可能会觉得,就算下面的人是具体执行者,但项目本身的好坏,最终还是体现在营收数据和利润增长上,所以我就有权力拦着你们不让你们走歪路。其实这跟"手令狂魔"蒋介石一样,动不动给师长批条指挥,事无巨细一管到底,不仅将领们不痛快,结果也不尽如人意。

如果你是部门老大,你手底下有人专门负责一个项目,需要召开会议讨论战术决策的时候,你一定要避免成为那个"一定要赢"的人。你可以是会议召集者，帮助他邀约其他部门的人来开会，但到了会议讨论环节，你就要放弃自己的职位，自动转变为建议者。否则项目负责人会觉得被说教、被管理，而不是被赋能、被激活。当他需要承担所有执行结果的责任，他的收入和项目直接挂钩，却又并不具备对项目执行方案的决策权时，就等于直截了当地告诉对方："听我的，事情干好大家都有钱，事情办砸了都怪你！"

你将他置于何地？下一次还有谁肯独立负责一个项目？你如何保证人才梯队建设？

当然，具体决策机制上，我们也可以针对不同的情况做一些预案。比如部门老大可以一票抵两票甚至更多，但是不能以势压人，不能带头站队带节奏。如果基于这样的机制仍然无法说服项目负责人采用你的方案，也请你格局放大，尊重会议结果，为项目落地提供相应支持。因为整个公司就是由这样一个又一个相互支持的团队构筑而成的发展共同体。

最后我们回到引发我思考的"一票决定权"上来。公司老板到底要不要有"一票决定权"，我觉得每个公司情况不一样，咱们不能一概而论。

比如董事会，占股高的人有这个权力无可厚非，但换作是我，可能会对行使这一权力抱有相当谨慎的态度。除非事关公司生死存亡的战略要案，我一力承担所有责任，否则我宁愿不用这个权力。因为我誓死捍卫你发言的权利，我相信我的同人可以帮我一起做出当下最好的决策。

如果企业里一直"会而不议"，那么议而不决、决而不行的情况也会随之增多。我们容易发现开会没有主题、言之无物的情况,却对"假议"的情况习以为常,甚至认为这种会议最后只要有人强硬地拍板决定,就是有效的。这其实是企业里开会要特别注意的误区。

会议是为了共同决策、共同承担责任,最后实现共同进步。如果每个人都能各抒己见,哪怕吵得面红耳赤,只要有一个比较完善的决策机制兜底,事情也依然能进行下去。怕的反而是会议现场有那么一个人,凭借自己至高无上的权力,让所有人的心血成为凸显他智慧的垫脚石。

议而不决

许多公司开会，都会有个怪现象。上面的人觉得不开不行，下面的人觉得开了也不行。这其中有许多常见痛点，其中之一就是"议而不决"。

第一种情况是，整个会议流程杂乱无章，参会人员想说就说，随意发言，不知道的人走进来还以为来到了菜市场，大家吵吵闹闹的，碰撞过多，但没有结论，更不用提执行方案和落实到人了。

因为大家的意见都不相同，谁都不肯低头，谁都觉得自己最正确，任何人都说服不了自己。哪怕最后表决的 10 个人里面有 9 个都同意他的方案，我就是反对，我就要跳出来说，你们要是这样我就不玩了，反正我不赞成。我都不赞成、不接受、不支持，你们还指望我干活？不存在的。

这样的会议最大的问题就是冗长、低效。所有人都在试图说服别人，但最后的结果是谁都不被说服。每个人都带着自己的既定观点，甚至是将对人的印象"移情"到事件和观点上来，以意气之争取代了就事论事。

每个人都像刺猬一样，全力提防自己被对方说服，同时伺机攻讦他人，最后的结果往往是：

1. 平时喜欢出风头的人掌握了整场会议的观点输出炮口，只顾痛快自己，毫不考虑团队。
2. 平时比较低调的人会厌恶上蹿下跳出风头的人，会戴着有色眼镜去看待有这个人的所有事情。

这种议而不决的根源就是会议流程的设计和控制不到位。解决方法就是把流程的重点落实在决策上，并且你必须要提前建立所有人对会议的规则感，明确与会者可以做和禁止做的事项。

开会之前就要让所有人达成共识：今天开会就是要拿出决策来的，不是来互相攻讦的。如果你有反对意见，可以提，但必须要带着你的方案来提意见，否则不允许发言、更不允许评价别人的方案。

比如：会前通知说明待决议事项，大家就都知道了；14：00—16：00要做决策，分别是几个什么样的决策。

你必须让团队建立三方面的规则感：时间控制、流程控制和结果导向。如果所有人都知道，到时间必须结束发言、流程所有人要一视同仁地遵守，并且会议结束是必须要拿出决策来的，议而不决的情况就会得到有效改善。

另一种容易造成议而不决的情况，是老板过于低调，对会议过程疏于约束，任由与会者发言，带节奏，于是整个会议偏题。

比如老板开会前说了一句:"今天大家来讨论一下。"大家就七嘴八舌起来了。因为平时跟老板关系也好,聊着聊着就容易跑偏,从企业管理到中美关系,逐渐变成了海阔天空的瞎聊。或许会议一开始是有个议题、也希望拿出决策的,但因为没有人控制流程,没有紧扣主题,所以讨论了别的话题,原定的议题反而没聊到。

就像很多公司开会想要解决的问题是如何让业绩翻倍,会议一开始说的是销售部门业绩增长不理想的现状,销售部门说,这件事其实是产品部门不理解用户痛点的问题,于是大家开始找产品部门的麻烦……就这样不断打断原定议题的讨论,偏离再偏离,最后就卡在某个环节进行不下去了。

看上去每个讨论环节都是有的放矢,实际上会议没有逻辑,没有规划,也没有相应的流程设计,最重要的是,在会议开始之前,其实老板没有找到真问题。

想要解决这个问题,就需要两种角色的共同努力。

首先是老板必须要先找到真问题,把时间花在开会前。老板可以先罗列各种困惑,然后用排除法找到亟待解决的重中之重。衡量的维度可以是时间的紧迫性,对公司业务影响的大小,对公司战略的助益大小等等。找到当下最想解决的问题,梳理逻辑(必要时可以寻求第三方专业人士的帮助),先有个大致的概念:今天这个会议主要谈什么,所有人必须紧紧围绕这条线,其他的可以再开会讨论。

其次,是会议现场需要优秀的引导者来按照设计好的流程、规则帮助大家关注议题本身，不要沉醉在支线逻辑上，而是单就当日的会议主题找到破解方法、达成共识。

第三种议而不决，是打"太极拳"。

如果一个老板不够强势、过于柔和，下属可能就会坐下来玩文字游戏。比如："各个分公司一起开会，你们公司怎么样？""我们凑合，你们销售好像挺好，传授一下经验？""我们销售不行，要不请他来说两句？""别别别，我也没什么经验可以分享，也就这么回事……"

因为老板不够强势，实权部门的主管可能就会不说真话，这样原本的经验交流或者议题碰撞就开成了茶话会。这就是根本没有主题，看上去好像会议名头上写了今天是有主题的，但实际上没有明确主题，也不要求有任何实质性的进展和成效，这样就容易议而不决，浪费时间。

这三种情况，都和老板自身有或多或少的关系。老板太强势，大家都不说话；老板太弱势，大家天马行空。所以想要从根源上解决议而不决的问题，要做好三点：

1. 会议一定要有明确主题，且这个主题是要大家提前达成共识的。讨论过程中如果出现分歧，需要投票决定是否要讨论新发现的前置问题，但是这个时间是要提前预留好的。
2. 建立忠于自我、平等共赢的文化。在会议流程设计上，要让每个人都有充分表达的机会和均等的发言时长。会上可以用匿名投票的方式，杜绝看脸色举手的情况，帮助与会者忠于自己的内心。参与投票的人最好是奇数，老板可以不参与投票，但要拥有一票否决权。
3. 会议结束的时候一定要有一个决策。这个决议一定是少数服从多数、达成基本共识的，出了这个会议室，就不可以再置喙了。

老板一定要清楚认知，改变是需要一个长期过程的，也会伴随磨合的阵痛。如果大家开会拿出决策，并且是他们经过集体表决达成共识了，不论你有多不认同，都要接受这个决议。尽管你拥有一票否决权，也要慎重。在不影响公司生死的情况下，我建议你有些该交的学费还是要交，尽量尊重集体决策，你才有机会培养出能独当一面的优秀团队。

 如何高效开会

时间不够

我有一次作为顾问去参加某上市企业的会议，与会者也都是新闻上经常出现的知名企业负责人。原定10点开始会议，结果他们一帮负责人晚了45分钟才开始，就出现了时间不够、说不透的情况。

大家明明是想深挖的，但是预留的时间不足，可能这个人刚刚表述了两三分钟，还没进入正题，一看时间不够了，马上退而求其次："今天时间紧急，要不然这个事情就下次再说，我们先投票吧！"

这不叫节约时间直奔主题，这个叫裹挟。用时间不够当作借口要求大家跳过关键议题的表达过程直接投票，看上去是主持人体谅大家不想拖堂，实际就是掩盖自己在会议流程设计和节奏掌控上的不足。

其实，这种时间控制上的问题大部分是能避免的。既要给足时间，又不能给太多时间。

我举个例子，海底捞曾经是餐饮服务业的天花板，但在2021年末关店300家以后，看衰海底捞的人越来越多，其核心

论据之一，就是海底捞的翻台率明显下降。2021年海底捞总体平均翻台率约为3次/天，这也是海底捞近5年来的最低水平，同比2020年的3.8次/天，颓势已现。要知道，曾经辉煌的高峰时期，海底捞能做到一天超过5以上的翻台率。

日本的一兰拉面则完全不讲究服务，全店采用木板或布帘格挡、单人间的格局设置，默认食客是一个人就餐，他没有急匆匆地赶你走，但是店内的整体布局就让你没什么心思坐在那慢悠悠剔个牙、聊个天，他的翻台率就很高。

如果海底捞想要维持这个高客单价，创造更多营收，他就必须要提高翻台率，但这又有可能降低服务质量、损失美誉度。所以对于海底捞来说，如何保证翻台率，又不影响客户的体验，就跟我们设计会议流程、控制会议节奏的时候如何找到平衡点是一个道理，都是技术活。

我的建议是，先摸清会议目的和参会人数，做好事先规划，然后设计相应流程、严控时间。

比如来了个预约好的学员说："滕教练，今天我们分公司经理下午要开会，他们时间都很紧张，只有1个小时，但是有20个人参会，你教教我怎么弄？"

我会直截了当告诉你，巧妇难为无米之炊，我弄不了。因为20个人，60分钟，就算抛去所有的寒暄、总结、过渡、休息时间，平均每个人只有3分钟的表达机会，再厉害也没办法让他们充分讨论，所以拿出来的东西一定是草草了事的。哪怕你问他，有意见吗？他就算有反对意见，也没有时间组织语言去阐述的。

又比如三五个高管开会，行政弄了两天两夜的行程安排，来讨论一个很简单、很实际的话题,这就是时间给得太多。我就算有很多延伸的问题,抛给他们来讨论,用以打发时间,其实也没必要,或者说,也用不来两天两夜这么长。参会者也会觉得,就这点儿事情,不是说完了吗?他会有一个疲倦、厌烦的心理。

所以事先要根据参与人数、职级、部门甚至履历,还有需要讨论的话题数量和各自的重要程度,先框好大致的会议总时长,然后设计流程,根据人数分配每个人的发言时长,做细节的设计和梳理。这些,是需要一个优秀的主持人来宏观调控的。

在预估时间的时候,要注意与会者是否太喜欢表达自己又或者太内向不愿意表达,如果参会者都是不爱发言的,我们在预估时间的时候就要适当缩短表述时间和整体时长。

最后我要提醒大家,根据我主持数百场会议的经验,尽管每一次开会前我都全方位去了解信息、设计流程、规划时间,到了实际操作的环节,没有一次会议是完完全全照着流程时刻表进行的,没有一次是正正好好对上每个时间节点的,但所有的会议,我全部做到了按时结束。

所以,详细的分解是要的,但不要忘记临场应变也是一个优秀的主持人所需要具备的重要素质。具体板块可以有时间长短的缩减,而会议的总时长必须如规划所言,分毫不差。

退一万步,如果出现讨论不充分、时间不够的情况,宁愿下一次再召开会议,也不要以损失信誉为代价达成目的。

不要把拖堂变成习惯,也不要把照本宣科当成万金油。主持人,永远需要在主持会议的环境中,以高度的注意力和使命感,应对层出不穷的各种挑战。

提前结束

近几年,几乎每个找到我的企业管理者都在强调低效会议给他们带来的痛苦。一方面随着职位越来越高,需要召集或者出席的会议越来越多,另一方面会议的效率又实在不高,尤其是一些务实会上,大家免不了要阐述观点甚至互相挑战对方,来回拉扯,最后的结论又不见得很明确。

当会议的效果并没有显著提升,而人需要付出更多时间和精力的时候,产出的效率当然直线下降,而这又会影响整体的工作状态。

"滕教练,有没有办法能够让会议变得特别高效啊?"

我说,方法当然是有的,但你得先告诉我,对你来说什么是高效,你想象中的高效的会议是怎么开的。

他们异口同声:"最好就是要讨论什么提前说一下,上会以后大家各自说一下解决方案,然后举手投票,少数服从多数,过了就过了,15分钟解决问题。"

我说不行,你们陷入误区了。低效的会议当然是要在企业当中逐渐改善最后杜绝掉的,但不代表高效的会议就全都是

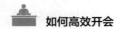

好的。

你们恰恰应当警惕的是那些为了高效而高效,迅速达成共识的会议。

很多人讨厌开会拖堂,明明定好了2小时会议,既然你们要我开会,那我就按你这个时间表来安排,会议结束以后我可能还有其他的事情。

结果一开会就不知道什么时候散会,后续的所有安排都要更改,造成的损失有时候还是不可估量的。

另一种情况是会前预估了2小时的时间,讨论到一半大家都觉得这个方案好,咱们也不要展开讨论了,就这么去做,只用了半小时就散会,剩下的时间正好大家各自做各自的事情去。

看似效率很高,其实隐患非常大。

如果一个老板热衷于这样"高效"的会议,我能想见的是他下面的所有人一定会在召集会议之前就把上会名单过一遍。

"这个人跟这个人可能要提出反对意见,算了要不就不要邀请他们了,免得横生枝节。"

"这个方案其实老板是知道的,今天这个会就是讲一下细化的东西,你们要是有什么问题的话我们执行过程中私下再来对。"

"这个会我只定了半小时的时间,所以大家尽量保证效率,我们会上先拿出一个结果来,后面再说。"

…………

这样的隐患是强调虚伪的效率,粉饰太平,而背离了会议的本质。

会议是一群人花时间来获得结论，这个结论如果没有经过充分讨论、没有经过集体智慧的检验、没有达成可以成文的认可或者协议，必然也是经不起挑战的。

我一直强调通知性质的会议、走个过场的会议不需要开，能上会讨论的一定需要大家贡献智慧，思维是需要碰撞和激发的，你才能透过不同维度和视角来充分剖析问题本身。

如果仅仅为了"快速有一个结果"，最好的方式就是不开会，一个人决策一个人担责。既然要开会，那就必须给每个人充分的发言机会和表达时间。

在一团和气的表象下，有些人是没办法充分表达自己的观点的。

《乌合之众》一书中特别提到了"愚蠢的群体"这一概念，即"无论多么智慧的个体，一旦置身于群体之中，都只会变得愚蠢盲从、极端偏执，不受理性控制。"

比如后发言的人觉得是有一些问题的，但暂时也没办法说清楚，只是感觉有一些点好像被忽略了，他内心是希望探讨的，但他看到前面发言的人都表示赞同认可，就可能觉得多一事不如少一事，我想清楚了再说。

又或者与会者当中有一个职位比较高的人，在他说完以后，其他人很可能就被裹挟，不敢表达自己的想法了。

这样拿出来的决策，我们又如何能保证每个人内心是赞同的、拥戴的，他又怎么可能保证在下去执行的时候是会倾尽全力积极配合的呢？

最关键的是，这样的决策没有经过挑战，没有被放在各种极端情况下挑刺，没有以多元化的方式被解构和分析。

我们说上会的一定是重要的事情，需要大家用不同的眼光去看待，这样才能保证会上拿出的决策是经得起推敲的。

如果会上一团和气，大家都不愿意或者不敢充分表达了，眼看后面还有大把时间，也绝对不能散会！

我们要做的，是指定一个或者一群"忠诚的反对者"。让他们作为会上的"蓝军"，来针对"红军"提出的作战方略进行全方位的进攻，各种挑刺各种挑战。

蓝军存在的意义，不是为了拿出一个决策，而是拿出一个在当下这个会议室里，所有人的集体智慧所能碰撞出的、最好的决策。

他可以从任何一个点来提出反对意见，他的目的就是逼迫红方去思考——有没有更好的方法？

另一个我常用的方法，则是在会议现场设置辩论赛，并且允许拉票和跑票。比如你原本可能支持正方，但在经过反方阐述之后觉得反方更好，我会给一个机会让大家换边。有时候讨论激烈，甚至会有人换两三次。

当然，这个流程也不是无限制的，通常我会给到弱势方两次机会拉票，如果没有改善总票数，则强势方获胜。那么接下来大家要讨论的就不是"这个方案哪里不好"，而是"如何让这个方案更好"。

预先订好的会议时间必须要用完，不能因为追求所谓的高效，而剥夺任何一个与会者充分表达的机会。

当然，这也对会议引导者或主持人提出了更高要求，我更愿意称之为一种"引导的艺术"。

他需要观察到每一个与会者的状态,如果他有一丁点儿迟疑的表现,主持人就一定要鼓励他站出来发起挑战,要不断地给机会让大家充分表达观点,说得不好没关系,主持人需要鼓励他说出来。

首先,这就需要主持人掌握会议引导的基本技巧,包括如何恰当的预估时间,如何设计流程,如何给每个人余留平等的发言机会和充足的发言时长,如何控场……

然后,他才能在不断地主持实践中找到自己的艺术风格,成为游刃有余的会议引导艺术家。

老板也一定要留一个心眼,如果会议提前达成共识,我建议你一定要找几个"刺头",从完全相反的角度论证这个决议是错的,直到决议暂时无可挑剔。

毕竟,会上能解决的问题都不叫问题,多元化的思维才能锤炼出经得起推敲的结论,隐患留到实践过程中,很可能就变成了定时炸弹。

被人质疑

如果有人在会上挑战主持人、质疑他的控场,甚至故意唱反调,主持人处理得当是能有奇效的。

我在刚成为主持人的时候有过一段受挫期。那个时候自己的企业没有特别出色,个人履历也没有什么亮点,全凭对主持和演讲的热爱而去努力。

我发现遇到挑战的时候,最好的方法不是去解释、反驳,而是找到台下支持自己的人,尽量用平和、鼓励的目光去看那些支持者,忽略挑战者带来的压力。逐渐的,我就能无视挑衅的人,并且有了更好的处理技巧。

比如,经常表扬那些遵守规则、尊重会场秩序的人,不用特别刻意,点到即止就行了。你不用夸张地说:"你太棒了!你真厉害!"轻轻地点个头,有个眼神接触,或者竖一个大拇指就足够了。

遵守规则、支持你的人能感受到你的认可,你们之间的能量波动就能带动其他人。

当这种温和的方式不足以帮助你控制会议现场,或者说,有刺头不断挑战你的时候,你需要通过刨根问底来击溃质疑。接下来我罗列几种常见的质疑,分别给大家一些处理建议。

1. "难道只有我一个人觉得有问题吗?"

我会先肯定他的质疑,毕竟独立思考是一个非常重要的优良素质。我也不会放弃对规则的坚持,如果他是打断别人的发言,或者干脆无视规则随意发言,我会眼神坚定地询问他:

"会议规则神圣不可侵犯,您是否可以等到您的发言时间再来针对这一方案提出您的挑战?"

"您是否有自己成熟的方案,或者可以具体讨论的修改意见?如果没有,请您尊重他人的发言时间。"

2. "我们今天的会议根本就是浪费时间!"

我会询问他是否提前收到了会议通知并查阅了会议安排内容。如果是,请他保留刚刚的反对意见,归纳好他认为的真正需要讨论的问题,会后再约时间针对这一问题发起会议。如果否,我会反问他:"在座各位都在针对今天的议题努力解决问题,您是希望成为问题解决者,还是问题制造者?"

3. "你根本就不懂我们行业(部门)!"

我会回答他:"是的,我尊重您的专业素养,我相信在您的发言时间里,大家也会虚心听取您的意见。我是会议引导者,我帮助大家激发思维,但我不产出个人观点。所以,也请您尊重我的专业领域,将您对行业的理解和认知留待在您的时间里,为大家细致讲解。"

几个简单的例子只是为了告诉大家,在应对别人质疑的时候,会议引导者一定要不卑不亢。我们实际上是会议的第三方,是完全客观的引导者,所以我们对任何一方都是没有冲突、恶意,更没有利益相关的。我们的一切举措都是为了帮助与会者解决问题、有所提升和收获,我们自己是否能在聚光灯下被人认同,其实并不重要。

在应对质疑的时候,会议引导者还可以多用类似句式来重新掌控发言的主导权:

"我理解一下……"

"你的意思是不是……"

当会议过程中出现其他超出预期的情况,尤其是主题偏离、反对议题本身等直接影响会议主旨的问题时,你还可以在白板上,或者请记录员直接记录下问题本身,并告诉所有与会者,这些问题已被如实记录,请大家搁置争议,立足当下,先解决我们已经达成共识今天可以解决的问题。

主持会议时,引导者的控场原则说穿了也就是两句话:太热的搁置争议,太冷的制造争议加热。不要太过于纠结你的表现,当你出色地引导完会议,当你发现与会者在你的引导下单纯就事论事,齐心协力希望整个企业和组织变得更好的时候,你就是最棒的。

没人说话

会议中没人说话，其实不是大家想象中的绝对沉默，而是说，这个会议缺少碰撞，大家并不珍惜更不渴望表达的机会。

比如老板太强势，大家习惯了不怎么表达自己真实的想法，或者有职级差，跟领导者同一个场域内自己不好意思说话，又或者就是性格比较内向，不愿意表达自己……这些原因都可能造成会议中冷场、缺乏你来我往的交锋。

我们看很多综艺会的环节，他们会故意让观点对立的人坐在下面评论，本来张老师说"你这个作品我不喜欢"，台上的表演者还挺尴尬的，不知道怎么接话，结果张老师隔壁的王老师跳出来说，"我不同意，我觉得挺好的"。

这样对综艺节目来说是最有利的状态，因为评委风格不一样、年龄不一样、喜好不一样，几乎不需要主持人怎么带节奏，他们自己就会吵起来，就有看点、有热度。

结合到会议引导技术中来也有异曲同工之妙，主持人不能变成台下与会者的众矢之的，而是要用流程让他们之间产生不同的组别，让他们产生碰撞，彼此之间互相制衡。不论从时间上,还是流程上,都让他们角力,这样就能让大家产生表达的欲望,这个会议才有可能在讨论甚至辩论中找到企业的症结点并予以解决。

尤其是在会前主持人已经和最权威的与会者达成共识了,他能带头遵守你制定的流程、时长规则的时候,不仅能充分激发大家的能量,还能避免主持人因为控场、打断发言而成为大家不满意的那个"背锅侠"。

如果会议需要大家分组讨论或路演,还有一个帮助大家打开话匣子的策略,那就是运用"账户时间"。

我习惯在一开始就给每个组建立账户时间,每个不同的流程,账户时间的总时长可能是不同的,但同一流程内,不同组的账户时长横向相比是一致的。

当A组的小李发言的时候,A组的账户时间开始流逝,他表达的时间长短、效果好坏会直接影响小组的整体表现。人都是有集体荣誉感的,一旦这个时间账户的沙漏开始倒计时,他自己会在意是否给自己小组添麻烦了,同组的其他人也会很紧张,因为小李废话太多的话,他们可能连找补的机会都没有了。

再者,因为每个组都有账户时间,这个规则是一视同仁的,所以全场都会帮忙监督、掐表,提醒他,你还有几秒钟。如果再配合一个会议现场的助理帮忙报时,你会发现没有人愿意干坐在那里走神,他必须全神贯注、必须珍惜自己表达的机会,才能让自己的小组至少不要垫底、不能输得很难看。

总结一下,一个会议现场气氛的"冷",可能是很多原因共同造成的。想要让与会者的思维动起来,让他们勇于表达、据理力争，需要做好下面几件事：

1. 提前和权威者达成共识。
2. 采用分组的方式鼓励碰撞。
3. 建立账户时间的概念。

值得一提的是，分组可以根据与会人员名单提前划分，也可以在会议现场临时抽签决定组别，但是否需要分组、如何分组，则要根据实际参会人数来具体讨论。

这里我着重说明务虚发散会（常见如头脑风暴）上，主持人如何应对冷场问题。

在我主持务虚会的时候，一定会根据会议人员来提前规划发言时间。务虚会尤其是头脑风暴的创意会，一定要让尽可能多的利益无关人员来参与，才能保证提供更多角度的想法。

那么，在分组的时候就尽量要考虑每个人的发言机会。如前文所说，将大家分成 5—10 人的小组，安排一段时间让每个组可以内部讨论，确保每个人都有时间表达。然后，给到一定时间让组合组之间有想法路演甚至碰撞的时间。

我通常会要求每个组 10—15 分钟内一定要拿出一个创意来，为了达到这个目的，我会在场内不间断巡视，看看每个组的讨论情况。如果有的组比较冷，就在这里停留较长时间，鼓励他们热起来，必要的时候可以通过一些提问给一些触发。

例如：

"你们分别是什么岗位的,如果让你对工作进行各个维度的评价,满分 10 分,你会如何打分?"

"如果老板突然被外星人抓走了,你觉得公司必须要做什么,才能保证继续运行?"

"你觉得公司明年可能会面临的最大的危机是什么?外部挑战是什么?内部问题是什么?"

…………

会议最好能提前分组,这样主持人会有更多时间和每个组的组长都提前沟通,帮助组长了解接下来的会议中自己的基本职责是什么。

如果会议规模较大、分组较多、占地面积很广,自己巡视不过来的时候,就要借助其他人员或者科技的力量。你可以请会议助理帮助巡视和观察,也可以用摄像头切换的方式来观察每个组的情况,然后精准引导。

最后则是通过一些仪式感的内容,帮助会议现场"暖"起来。我们去山东应酬的时候,桌上除了主陪、副陪等"责任人",还有一套非常顺畅的流程,上桌以后主陪一套话术说完,宾客不好意思不端杯。

会议现场也可以借鉴这种方式,我特别喜欢用 PK 的制度,人为制造一定的对抗性,来让务虚发散会现场保持一个较为紧凑的节奏,让大家快速进入角色,开始动脑筋。

因为人是群居动物,我们从小接受的教育让我们中的大部分人都有较强的集体荣誉感和责任心,当务虚发散必须有一个对抗性的过程，甚至有结果的时候，大家的投入感和代入感会更强。

另一个我常用的仪式感，是"委任制"等内容。比如为会上所有的创意设置一套打分体系，维度包括但不限于可行性、性价比、重要性等，综合得分最高的创意，他们小组可以作为公司接下来一段时间的"镜像总裁"，来观察和评定这个创意实际执行过程中的具体情况。

这种调动现场、制造争议的能力，是会议引导者的高阶技巧，需要一定时间的实践才能掌握。

发言太长

会议中经常会碰到发言太多、太长的情况，尤其是发言人位高权重，或者性格固执、不容易交涉。

这个时候我们要先分辨一下，他所讲的内容是大家都想听的，还是大家都不想听的长篇大论。当然也会出现两种阵营，不过大部分情况下，总有一个多寡之别。

第一种极端情况下，大家都愿意听他继续说这个内容，但这个话题已经偏离主题了。此时会议引导者就要分析判断两件事情：

1. 现在在聊的话题是不是和会议目的有关

有些公司开会的时候，十个人大马金刀往会议室里一坐就聊开了，开头还能扯两句业务，没多久就从原料上涨谈到国际形势，又从团队成员扯到小道八卦。

这种话题虽然大家都爱听，但完全偏离了会议目的和主题，主持人要果断打断，直接抛出会议议程，按照原定计划来。

2. 今天会议的原定主题是不是真那么重要

你可能会疑惑,不重要的会为什么会开起来呢?的确,重要的主题才要上会讨论,可是会议的探索、讨论环节,如果跑出来一个更重要的、大家更感兴趣的话题,是不是之前的话题就不那么重要了?

如果今天的会议必须要拿出一个结果,必须要解决一个问题,哪怕大家再想听,这个说话的人再难搞定,主持人也一定要打断他,提醒大家回到研究的主题上来。你可以说:"关于大家都感兴趣的话题,可以另外安排时间专门讨论。"

如果会议的任务并不是特别明确,或者干脆就是一个务虚会,那么在讨论的过程中本身就没有太多的限制。大家在发散过程中如果发现一个大家都感兴趣并且是更重要的议题,完全可以马上抓住机会,趁热打铁,当机立断把会议目的定为这个主题,直接展开讨论。

所以,这就对会议引导者的分析能力、判断能力和控场能力提出了更高要求。

实际操作过程中,有时候会议引导者并不能很快判断话题的重要性,尤其是在为第三方企业做会议引导和主持时。那么更简单有效的方法,就是严格控制每个人的发言时间。

不管他的发言有多精彩,都不能突破已经制定好的发言时间,不能给加时,不能拖延。

比如他的发言时间规定是 3 分钟,你可以站在他的旁边提醒他:"你好,你的发言时间还有半分钟。"你甚至可以让倒计时正对着发言人,在最后只有 10 秒钟的发言机会时,他自己也会提高语速、赶快说完。

主持人和发言者之间的距离也有玄机。你想打断他发言的时候,可以和他保持一个较近的物理距离。你离他越近,就越容易给他压力。反之亦然,如果你希望鼓励他多说,可以保持较远的距离,他就更放松。

站位、体态,也可以作为你控场的手段。希望对方多表达时,你甚至可以让他坐在他的座位上发言,而你坐在你的座位上聆听,他感受到的压力几近于无。如果觉得他说得太多了,你可以让他保持坐姿,而你站到他的面前,或者把你的手搭在他肩膀、座椅靠背、桌子上,手指轻轻做出敲击动作,对方就会感受到压力。

在打断对方发言的时候,主持人也可以参考下列技巧:

3. 着重去听他的说话节奏

人说话都有节奏,不会像软件读文一样连珠炮似的说个不停。主持人要听他说话的节奏,找到当中的气口来作为打断发言的切入点。

比如换气的当口,在他一口气刚过、第二句话还没有脱口而出的时候想办法打断。

4. 用转折的方法柔性打断

主持人打断发言的时候不能用生硬的语句:"领导,咱们时间有限,你这个话题下次再说。"因为对方沉浸在表达中时,会如滔滔江水奔流而下一般,堵不如疏,卸力的方式效果往往更好。

比如你可以找到气口做一个转折:"您刚刚的意思是不是这

么说的意思？"听上去像是确认他的表达，实际上主持已经完成了转折，能把话头切换到其他人身上。

如果万不得已实在有话题没有聊到，主持人可以建议大家另行组织会议探讨，也不要轻易放弃自己对节奏的把控。

最后，如果主持人不希望由自己来出面做这个打断长篇大论发言的"恶人"，可以鼓动其他与会者来共同施压。

你可以说："×××现在在说的话题，大家想听吗？想听我们请他多说两句，不想听咱们就掌声感谢他刚才的分享。"

你也可以在找到发言人气口的时候，点一个不认同他观点的人，询问："刚刚×××的表述，你认可吗？你不赞同的话，请你表达你的疑惑。"

所以你看，会议引导者多少还是要有点儿察言观色的本事的。如果双方各执一词，你甚至可以在气口上再找一位与会者，请他发言表达自己的观点。

把单口相声变成群口相声，把控全场是不是就不那么困难了？

我要提醒大家，打断别人的发言，不是为了显示主持人的权力，更不是为了让对方没有面子。有些人正是因为害怕自己给别人难堪，不去打断发言，会议效果就会很差。

会议引导者要做好的，就是控制时间和控制流程！学会通过打断来控制时间和流程，主持人才能通过时间和节奏控制，实现会议的效果。

在控场的时候，我们一定要围绕会议主题。一篇优秀散文的核心是"形散而神不散"，开会也是一样，以终为始才能实现结果和过程的双赢。

如何高效开会

批斗甩锅

有一次我去一个学员企业辅导的时候,帮他们的销售部门和产品研发部门开了一个会。议题很简单,销售业绩上不去,怎么办?

按我一直以来的坚持,开会当然是为将来找方法,但我发现有些会开着开着就容易变成"为过去找责任"。

销售领导吐槽:"我们也很难啊,下面的员工和经销商都反映,这个产品的程序使用体验不好,人家一看这个卡顿不顺畅就不买了!"

我一看,两人都开始无视我会前讲到的发言规则,开始你一言我一语不让对方开口光顾着自己输出了,马上叫停。

我说:"你们暂停一下,我问一个问题,请销售部门回答。"

"如果现在产品就是这样,短时间内没办法解决程序的问题,你觉得这个产品你还能卖出去吗?能卖掉的概率是多少?"

销售给出的答案总结下来就是,不可能卖不掉,总归也有客户会买单,但是概率综合每个人给出的数字,大概在20%—50%之间。

我问:"既然这个产品这么一般,你为什么觉得自己还是有概率卖掉的?"

类似的场景并不少见。

很多会议前面那十几分钟其实并没有在解决问题,而是针对"谁造成了今天这个不好的局面"在互相推卸责任。

如果主持人把问题换一种问法,不是去问"为什么",而是问"怎么做",你会发现,你的员工总是会有一些解决方案的。

这就是我要说的,开会避免不了辩论甚至争吵的环节,而接下来我要说的举措是能让你妥善处理这种极端突发状况、保证会议高效进展下去的关键。

很多企业内部开会的时候往往就变成了"批斗",比如销售部门说业绩不好,最后变成了对研发部门的指责。

我们开会的时候,一旦出现类似苗头,就要想办法换一种方式提问。主持人要锚定既定事实,引导与会者从各自的出发点、以不同的视角去寻找解决方案。

简而言之,就是只针对事实如何解决,而不去纠结到底是谁造成的事实。

在引导的过程中,主持人可以多使用下列句式:

"×××请表述一下,如果继续这样做,未来可能会造成哪些不好的结果。"

"×××,请你表述一下,你对他的观点赞同吗?为什么。"

"现在我们知道了可能的风险和挑战,请大家思考一下,

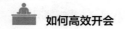

如果是你,会怎么解决问题?"

....

简单来说,就是把剖析过去的不可行、不正确,变成探讨未来的多种可能性。

与此同时,主持人也不能放弃对规则的要求。因为规则是约束表达双方继续坐在会议室里达成共识的那个链条。

只要他们尊重规则,议题就是可以继续讨论下去的。

主持人只需要提示"你的发言还剩几秒""你的观点是什么?请先说你的观点再说论据。"用时间规则和发言的规则让双方共创未来,而非辩论过去。

这样,就能大大降低开会变成"批斗"的概率。

一旦开会的时候开始讨论"为什么造成了今天的局面",很容易就会变成追责。所以开会一定要讨论的是"我们接下来能做的事情"。

这里我要特别说明一下"共创"和"辩论"的差别。在我的理解中,"共创"是站在当下的时间节点去给未来创造条件,而"辩论"很多时候则是回顾过去。

当然,针对未来的辩论也常有,那就需要主持人在引导过程中注意语言表达——

"现在这个情况暂时无法更改,请双方根据自己的专业知识,讨论一下我们能做些什么,用以改善现状。"

如果是务实会,大家势必是要针对问题讨论出一个解决方案的,就一定要明白,所有与会者都是共担责任的同人,不是说现状已经造成了,一定要抓到一个人来担责。

开会引导"共创"的意义,就是"往事不要再提,明天还得继续"。开会是为了创造而不是追责,一旦出现追责甩锅的情况,主持人一定要叫停,这是为了表示一种态度。我们不要花费时间在辩论是非对错上,而是要在单位时间里,让真正有价值的人去共创未来。

结语

管理者必须会开会

书中我多次强调,每个管理者都要具备会议引导技术。

上表演课的时候,表演老师经常会说:"你不要把这个角色局限在这个场景里面,你在看剧本的时候要去想他经历过什么,他在压抑什么、思考什么、恐惧什么,不要因为这个场景是吃饭,就去忽略角色人物的背景和意识状态。"

因为对演员来说,表演的不仅仅是一个场景,他们需要通过无数个场景的展现,最后让观众相信,某个平行时空里真的有这样一个人物,遭遇了这么多的事情。他一定是有内核支撑、有连贯性的。

管理者同理,不能将会议引导技术局限在会议场景本身。

在我自己公司内部,任何一个会议发起人都会在每个会议开始前先提炼出清晰的会议议题或者主题,并公示。在会议过程中,要求所有人先表达清晰的观点,比如"我赞同或不赞同""是或否""我的方案是"等,然后才可以表达自己的理由和论据。在表达阶段,我或者其他会议引导者都会关注他们的状态和语言组织能力,对模棱两可、和稀泥的表达坚决叫停。

如果一个管理者认为，只有会议中才需要这样，那就大错特错了。会议是集体时间高效利用的一个具体场景，但不代表管理者需要具备的素质仅仅只在这个场景中才有体现。

实际上，会议只不过是通过缩小场景、压缩时间来放大了管理者应该具备的各种能力和素质。反过来说，在会议引导过程中得到的训练和练习，是完全能够高效率强化和提升引导者的管理能力的。

业务部分很容易通过 KPI 来考评，但是团队凝聚力、组织活力的激发，这些其实很难通过量化的指标来计算，即便可以做到，也往往需要耗费很多时间和精力，而这些精神层面的赋能，恰恰和会议有极大关联。

会议引导技术可以帮助企业提升业务 KPI，因为会议本身不是结果，而是一个过程。人们往往忽略过程，追求结果，又迷失在对结果的不断提升和追逐中，无法感受过程中产生的多巴胺。但是，公司运营管理中，过程永远是达到结果的必经之路。

会议引导技术的高低，决定一个企业的组织活力高低，而组织活力的高低又直接决定 KPI 的高低。所以，我坚定不移地认为，优秀的会议引导者不一定是管理者，但优秀的管理者一定具备会议引导技术，并且他们是可以被优先提拔的。

因为会议引导过程中的实践会让他们具备更多激发组织活力的手段，他们会更尊重时间的价值，更看重团队合作，更善用集体决策，也更能全面地看待每一个员工，将他们放在合适的位置上，通过简单的对话激发员工的个人能力。

我们把视角再往上调,职位越高的人需要出席的会议就越多。尤其是老板,我一直强调老板必须学会拒绝参会,你不能指望助理来帮自己安排会议,因为"屁股决定脑袋",助理有时候很难取舍。

那么,有一些会议场景是老板必须亲自参加的,比如重要职位的面试会。卫哲是马云真正意义上引入阿里巴巴的第一个顶级经理人,曾在500强企业工作的他接受过完整的西方管理训练,有着独特的招聘理念。

卫哲曾经表示,阿里巴巴的人才秘诀,就是谨慎下放招聘权,让"95后"心甘情愿。这就意味着阿里巴巴的招聘是由管理者甚至是高管亲自来完成的。阿里巴巴刚创建的时候,公司规模大概在400—500人,任何人加入公司,马云都要亲自面试,包括前台接待和保安。下达2个层级的招聘,领导就要自己参与面试了。

如果你仅仅将面试看成招聘的一个流程,那么我觉得这本书可能不是特别适合你,但如果你能认识到,面试实际上是一次1对1甚至1对多的会议,你就会理解,为什么我一直强调管理者必须具备足够的会议技巧。

或许,世界上最喜欢开会,也最有理由把开会作为本职工作和主营业务的,只有咨询公司。企业里,越高职位的管理者管辖的事项越多,花在会议上的时间就会越多。越是喜欢开会的管理者(包括老板),越要提升自己的开会效率,因为这是你在公司唯一的工作了。只有自己会开会,你才能把会开好,才有机会开更多会,做更多事情,顺便提升自己的工作满意度、愉悦度和成就感。

当然别忘了，提升下级管理者的会议引导能力，也是你的工作重点内容。

会议的最高准则就是对时间的敬畏之心，不论企业采用怎样的薪酬体系，永远都有一部分是根据时间来付给员工薪水的。如果我们让一个做事情的人的 70% 的时间充斥在各种各样的会议中，就是在浪费企业的成本，也是在推阻企业发展的机会。

如果每个管理者都具备足够的会议引导能力，企业的会议效率和组织活力都会提升。当一群人都在信奉狼性文化往前奔跑的时候，你想要做的事情，你想要达成的业绩，一定会做到你能力范围内的最大值，因为大家自上而下都尊重时间尊重投入，每个人都是自驱的。

管理说白了是与人打交道的艺术，而会议，则是让艺术从云端殿堂化为每个人都可以感知的企业文化和看得见做得到的业绩成果。

"同频"是一切的基础

阅读到这里,相信你已经对什么是一个好的会议,如何开好会议有了更多理解和认知。如果说前文讲的是"术"的内容,是一套可以马上套用的方法论,那么在这之上一定有一个"道"作为内核来让你从普通的会议主持人进阶到优秀的会议引导者。

小米创立初期的雷军将半年里 80% 的时间都用在找人上,那个时候的雷军早已成名,身披金山 CEO 的光环,按道理来说会有很多人希望和他同行。

但是,他选择用 90 多通电话来找到一个硬件工程师,用 10 多个小时的连续谈话说服一个硬件工程师加入小米。他没有选择"一群人",而是去遴选"那个人"。

雷军说:"一个人可能走得快,一群人才能走得远。"他认为,人才是小米新十年腾飞的基石。

但是,有了足够多的人才并非一劳永逸,企业还要想方设法让这些各有所长的、神仙们,能为了这艘船远航星辰大海而各显神通。

同频才是一切的前提。

每个老板都希望自己的企业是自下而上推动的，希望员工拥有强大的自驱力和自控力，能够走在上司前面去看待问题、解决问题，这并不能单靠制度实现，更多需要依靠企业文化的渲染和浸淫。建立企业文化最好的方式，就是不断通过会议达到同频，而这个过程是自上而下宣导、建立和传承的。

"今年我们公司要做两个亿，你们把任务分配一下，发下去，不行就招人来做。"

"公司明年准备 IPO（首次公开募股），这些数据要做上去的，你们想办法解决一下。"

"下个礼拜一要开一下公司战略会议，你们都来听一下。"

……

这样的对话在大多数中国企业里每天都在发生，我们耳熟能详，并且在过去很长的一段时间里都误以为这就是同频，只要不断往下压任务，不断宣讲，就可以通过反复的强调和灌输，以洗脑的方式让员工理解公司在做什么，然后督促他们完成相应任务指标。

这不是同频，这只是填鸭，被灌输的这些人可能在短期里能产生一定效用，能按时完成该完成的工作获得相应的报酬，一旦一段时间后钱、权、利上的刺激减弱，他们会很快疲惫懈怠。因为公司和他之间只有雇佣关系，不具备情感联系，更不会有投资关系。

2022 年春天，我去某上市公司主持会议的时候，他们的高管给我留下了非常深刻的印象。这家企业的董事长是一个比较内敛、偏好保守的老派企业家，但他非常会用人，也热衷于通过会议来让团队保持活力。

当他说出自己心中的战略目标时，他的高管们无一例外表示反对。

他们反对的不是老板定的目标太高了，恰恰相反，所有人都当场表示："老板，你要再大胆一点儿，我们明年至少可以做三倍！"

这位董事长后来跟我说："滕教练，我很庆幸，身边这帮高管一直跟我同心同德，以至于我不敢有一丝一毫懈怠。我怕我辜负他们的期望，他们比我对公司更有感情，也更有要求。"

私以为任何一个老板在拥有这样的团队、这样的企业文化时，都会有更多机会能为这个社会创造更多价值。这也是同频真正的含义所在——让组织的每一个人熟知组织的发展方向和规划，同心勠力推动组织朝着大家都相信的终点进发。

在普世概念中，上位者的意志决定事件的发展方向，他们把控进程和节奏，带领下面的人前进。我相信一定还有更多企业像我曾亲眼见过的这家上市公司一样，拥有自驱力超群的团队，但在那之前，他们一样经历过自上而下从零开始建立企业文化的过程。

这就是会议的用途。想要"力出一孔"，一定要学会只开有必要开的会、开好每一个必须要开的会，所以就一定要先在企业高层做好同频，以高管为神经节点，往外传递企业的思想、气质，形成独一无二的文化，赋能每一个员工。

会议引导技术是我经过长期实践和摸索，总结出来得更适合中国企业，尤其是正处在发展期、变革期等关键时刻的中小企业的一套实战理论和方法。书中内容尚有不够完善的地方，也欢迎读者朋友们多与我交流探讨。有些会议现场的主持技巧和引导能力则需要一段时间的演练、复盘，甚至根据各自的条件来细致调校的。

比如，主持人在面对大量信息时如何合并同类项，在发言人语焉不详时如何抽丝剥茧追问到底，如何在看似相近的表述中找到差异点……这些能力都是需要专业人士和机构花费大量时间进行训练和实地演练的。

在我看来，管理者的职责之一就是让自己的团队达成同频，并且能根据企业的整体规划、个人的目标追求等情况适时调整，也就是说，每一个管理者都应该具备会议引导的基本能力。

我希望这本书能够帮助大家改变对会议的基本认知，从基础开始改变既往的会议习惯，让自己的工作更有效率，享受会议桌上有理有据、有议有决定的高效碰撞，更能以此为起点，逐步探索更高阶的、更适合自己的会议引导和主持技巧，进而享受团队高度同频、力出一孔、大胆探索未知、创造不可能的成功和快乐。